아이는 누가 길러요

우리시대의
논리
25

아이는 누가 걸러요

서이슬 지음

후마니타스

일러두기

___『한겨레』육아웹진 〈베이비트리〉의 "생생육아"에 2014년 3월부터 2017년 4월까지 연재한 글을 다듬고, 새로 쓴 글을 더해 엮었다.
___단행본·정기간행물에는 겹낫표(『　』)를, 노래·영화·웹진·텔레비전 프로그램에는 가랑이표(〈　〉)를 사용했다.

프롤로그

2012년 12월 14일, 미국 중부의 작은 도시. 한 아이가 마침내 세상 밖으로 나왔다. 그런데 아이는 혼자가 아니었다. 클리펠-트레노네이 증후군Klippel-Trenaunay Syndrome(이하 'KT' 또는 '케이티')이라는, 10만 분의 1 확률의 혈관 이상 질환을 온몸으로 껴안은 채였다. 갓 태어난 아이를 안고 분주히 움직이는 의료진의 발걸음 뒤로, 긴박하게 전해지는 샌디훅Sandy Hook 총기 난사 사건 뉴스가 귓전을 때렸다. 그날, 나는 내가 완전히 새로운 세계에 던져졌다는 사실을 깨달았다. 아, 여기가 우리가 사는 세상이구나. 한 아이가 10만 분의 1 확률의 희소 질환에 걸려 태어나고, 같은 날 스무 명의 아이가 총에 맞아 죽는 곳.

　'KT 증후군'이라 불리는 질환은 1900년에 처음 명명된 뒤 아직까지 완치법이 밝혀지지 않은 희소 난치성 질환이다. 사람마다 영향 범위와 증상이 제각각이어서 어떤 이들은 큰 무리 없이 일상생활을 이어 가지만, 또 어떤 이들은 이런저런 합병증으로 이른 나이에 세상을 떠나기도 한다. '과연 이 아이가 무사히 자라날 수 있을까' 하고 걱정했던 나의 우려를 비웃기라도 하듯, 아이는 빠른 속도로, 눈부시게 성장했다.

지난 5년간 아이를 보며 깨달았다. 우리는 너무 쉽게 '육아'라는 말을 쓰고, 어른이 아이를 '기른다'라고 생각하지만, 사실 아이는 어떤 조건 속에서도 나름의 삶을 살며, 자신만의 속도로 성장한다. 부모는 가까이서 혹은 멀리서 아이를 지켜보며 성장을 도울 뿐이다. 아이의 성장에 날개를 달아 주느냐, 아니면 훼방을 놓느냐는 아이와 양육자가 놓인 환경과 구조, 즉 사회와 국가에 달려 있다.

책 제목과 구성은 그런 생각을 반영한 것이다. 갈수록 아이 낳아 기르기 어렵고 불안한 세상에서, 우리는 가장 먼저 아이들을 '누가' '어떻게' 길러야 하는가를 물어야 한다. 1부에는 희소 질환 아이를 둔 엄마로서 아이를 관찰하며 얻은 '아이는 스스로 큰다'라는 깨달음을, 2부에는 주 양육자로서 아이를 바라보며 품어 온 생각과 일상을 담았다. 그리고 3부에는 지금까지 아이와 함께 부딪혀 온 세상과 사회에 대한 경험, 그에 대한 생각과 그 너머의 바람을 담았다. 어쩌면 지금 이 글을 읽고 있는 상당수의 독자는 이 책을 '아픈 아이를 기르는 엄마'의 이야기, '힘든 여건 속에서도 씩씩하게 사는 가족'의 이야기로 받아들일 준비를 하고 있을지도 모르겠다. 하지만 이것은 '조금 다른' 육아 에세이다. 아이와 함께, 또 따로 각자의 삶을 살며 아이의 성장과 나의 삶, 그리고 우리가 사는 세상을 들여다보며 써내려 간 기록이다. 지극히 사적인 것으로 여겨지는 육아라는 영역을 관통하며, '엄마'로서만이 아니라 한 사회의 구성원으로서 세상에 대해 품었던 어떤 질문들을 담아내려고 했다.

　미리 귀띔하자면, '짝짝이 신발을 신는 아이'는 여느 아이처럼 세상에서 노는 게 제일 좋은, 말 많고 장난기 많은 아이다. 감기에도 몇 번 걸리지 않을 만큼 튼튼하기도 하다. 그리고 엄마인 나는 즐겁기도 하고 피곤하기도 한 엄마 노릇, 놀이 동무 노릇에 때로 웃기도 하고 화내기도 하며 매일을 살아간다. 때로는 아이가 자라는 속도보다 느리게 변화하는 세상을 보며 답답해하지만, 나보다 먼저, 나를 대신해 변화를 만들어 가는 사람들 덕분에 여분의 힘을 얻는다. 많은 사람이 처음 책장을 열 때 가졌던 인상과는 조금 다른, 어떤 생각을 품고 책장을 덮을 수 있기를 바란다. 바라건대, 이 책이 부디 모든 아이를 저마다의 색깔로, 저마다의 속도로 자라게 하는 데, 그런 사회를 만들어 가는 데 작은 보탬이 될 수 있다면 좋겠다.

차례

2/ 각자의 하루를 살아갈 뿐

3/ 그래서 아이는 누가 길러요?

1/ 짝짝이 신발을 신는 아이

'케이티'와의 첫 만남

임신 20주, 처음이자 마지막 초음파 촬영을 했다. 담당 조산사 리사는 초음파 결과지를 받아 들고 짐짓 심각한 표정을 내비쳤다. 그러고는 태아의 오른쪽 다리가 크게 나왔으니 큰 병원에 가서 정밀 초음파를 찍어 보는 게 좋겠다고 했다. 지금으로선 이게 무엇인지 정확히 알 수 없는데, 정밀 초음파 검사를 해보면 추후 어떤 조처를 해야 할지 알 수 있을 거라고 했다. 리사가 말한 추후 조치에는 물론 임신 종결도 포함돼 있었다. 태아에게 문제가 되는 부분이 태내에서 치료할 수 있는 무엇이라면, 태내에 있는 동안 약물이나 주사 요법을 쓸 수도 있을 거라고 했다.

　하지만 우리는 그 말을 의식 저편으로 넌지시 밀쳐 두었다. 내가 느끼는 내 몸과 태아 상태가 너무도 건강했기 때문이었을 거다. 나는 임신 15주 말부터 매일 빠짐없이 태동을 느꼈고, 입덧도 비교적 짧게 하고 넘어갔다. 무엇보다 하루하루 잘 먹고 잘 자며 스트레스 없이 지내고 있었다. 그런데 태아에게 문제가 있다? 얼토당토않은 얘기라고 생각했다. '쿼드 검사'라고 불리는 기형아 검사도 건너뛴 상태였다. 괜히 이런저런 검사들로 심신을 들쑤시고 싶지 않았다. 특히 기형아 검사는 검사한다고 해서 모든 기형 여부를 판별할 수도 없는 데다 다운증후군 같은 특정 질환에 대해서는 그저 그럴 확률이 높다, 낮다로 나오는 거라고 하니, 확률에 휘둘려 복잡한 번민에 시달리고 싶지 않았다. 초음파 판독 결과에 대해서도 같은 생각이었다. 혹여 다리에 정말로 문제가 있다 하더라도 태내 치료 여부를 확신할 수 없으리라는 생각이었고, 뭔가 조처를 하더라도 아이가 태어난 뒤에 하는 게 맞다고 생각했다. 배 속에 있는 아이에게 약물이나 수술 도구를 들이대는 건 너무 가혹해 보였다.

사실 큰 병원에 가서 정밀 초음파 검사를 받는 건 당시 우리 처지에 쉬운 일이 아니기도 했다. 우리는 차가 없기 때문에 차로 한 시간 넘게 걸리는 큰 병원에 가려면 주변 사람들에게 아쉬운 소리를 하며 차를 얻어 타야 한다. 그런데 우리와 가까이 지내는 주변 사람 대부분이 우리처럼 학교 스케줄로 바쁜 대학원생들이거나 고속도로 운전을 부탁하기 쉽지 않은 어르신들이었다. 게다가 일반 초음파 검사 한번 받는데도 비용이 250달러(약 26만 원)나 드는데, 정밀 초음파라니! 그 비용은 어떻게 감당할 것이며, 혹시라도 정말 문제가 있다고 하면 그 번민은 또 어쩔 것인가. 임신 중엔 무엇보다도 스트레스 없이 마음 편히 지내는 게 가장 좋은 태교라고 믿었던 나로서는 정말 마뜩찮은 일이었다.

그래서 우리는 담당 조산사의 정밀 검사 제안을 뿌리치고 아무 일 없었다는 듯 잊고 살았다. 그 후로도 임신 생활은 순조로웠다. 임신성 당뇨 검사도, 철분 검사도 순조롭게 통과했고, 아이는 내 배 속을 운동장 삼아 축구라도 하는 듯 뻥, 뻥 신나게 발길질을 해댔다. 이렇게 힘찬 발길질을 하는 아이의 다리에 설마 무슨 일이 있으랴. 만에 하나, 정말로 아이에게 문제가 있다면, 그리고 그런데도 내 속에서 다 자라 제때 나오게 된다면, 그냥 우리 운명이 아닐까. 자라서 나온다는 건 이미, 그게 무엇이든 아이가 앞으로 생을 살아갈 수 없을 만큼 큰 병은 아니라는 뜻 아닐까.

그렇게 배 속에 품어 키운 아이에게 정말로 문제가 있다는 사실을, 나는 진통을 하면서 직감으로 깨달았다. 진통을 시작한 지 십수 시간이 지난 후 내 갈비뼈에 무언가 단단한 것이 부딪히는 것 같은 느낌이 들었고, 조산사는 아이가 갑자기 방향을 바꾼 상태로 더는 내려오지 않고 있다고 말했다. 제왕 절개 수술 끝에 아이는 세상 밖으로 나왔지만, 엄마에게 안겨 보지도 못 하고 곧장 신생아 집중 치료실로 옮겨졌다. 정확한 진단을 위한 조치라는 설명을 들었고, 나는 회복실로 옮겨졌다. 그리고 그날 밤, 내 손엔 아이의 또 다른 이름이 적힌 종이쪽지가 쥐어졌다. 클리펠-

트레노네이 증후군. 오른쪽 허리부터 발끝까지 크고 작은 붉은 포도주 빛깔의 얼룩이 스며 있는, 오른쪽 발과 다리가 왼쪽보다 2.5배 큰 아이. 군데군데 파란 정맥이 도드라진 다리, 볼링 핀 같은 다섯 발가락을 가진 아이. '만에 하나' 그럴 수도 있다는 생각을 전혀 하지 않은 건 아니지만, 무려 십만에 하나인 아이가 우리에게 올 줄은 몰랐다. 그렇게 '케이티'라는 예쁘고도 잔혹한 이름이 그날 밤 우리 삶 속으로 불쑥 들어왔다.

니큐 베이비의 폭풍 성장

아이가 태어난 병원에서 엽서 한 장이 왔다. 니큐 리유니언NICU Reunion 행사, 그러니까 출생 직후 신생아 집중 치료실에 들어가야 했던 아이들과 그 부모들이 한자리에 모이는 행사에 초대한다는 내용이었다. 사실 우리는 신생아 집중 치료실에 머무른 기간이 3, 4일밖에 되지 않아 이런 행사에 초대될 줄 몰랐는데, 뜻밖이었다.

응급 제왕 절개 수술로 아이를 낳은 직후, 나는 아이를 안아보지도 못하고 신생아 집중 치료실로 보내야 했다. 다리 상태도 직접 보지 못했다. 담당 의사의 설명을 듣고 온 남편이 수술대에 누워 있는 내게 대강의 설명을 해주었지만, 그래서 아이 상태가 대체 어떻다는 건지 단번에 이해하기는 어려웠다. 길었던 진통,

갑작스러운 수술, 그리고 믿었던 것과 달리 정말로 아이에게 문제가 있다는 사실까지, 갑자기 연이어 닥쳐온 충격으로, 나는 감정적 공황 상태에 빠졌다. 나와 마찬가지로 힘들었을 남편이 곁에서 한줄기 눈물을 흘릴 때도, 출산 다음 날 아이를 보러 신생아 집중 치료실에 처음 들어갔을 때도, 내 마음엔 아무런 동요가 일지 않았다. 심지어 처음 아이를 제대로 마주 보았을 때, 나는 아이에게 손 한번 대보지 않고 그냥 멍하니 있다 되돌아 나왔을 만큼 아무 생각이 없었다.

그러던 내가 처음으로 아이에게 어떤 감정을 느낀 건, 아이를 이곳에서 한 시간 거리에 있는 대형 아동 전문 병원의 신생아 집중 치료실로 보내던 날 아침이었다. 정확한 진단과 MRI 촬영을 위해 병원을 옮겨야 했는데, 혹시 모를 일에 대비해 아이 몸에 각종 생명 유지·감시 장치를 주렁주렁 달고, 이동용 특수 인큐베이터에 옮겨 구급차에 태워야 했다. 그날 아침, 의료진이 갓난아이를 들어 특수 인큐베이터에 넣는 장면을 보고 있는데 갑자기 눈물이 쏟아졌다. 당장 생명에 지장이 있는 상태가 아니라는 걸 알고 있었으면서도, 이동용 인큐베이터의 생김에 압도되고 말았다. 마치 아이와 연결된 선들이 실수로라도 떨어지면, 그래서 계기판에 찍힌 숫자들이 들쭉날쭉해지면 아이가 곧 죽을 것만 같은 환상에 사로잡혔다. 내내 덤덤하다 갑자기 쏟아지는 눈물에 어찌할 바 모르는 나를 보고, 옆에 섰던 신생아 담당 의사가 이렇게 말했다. "괜찮을 거예요, 엄마." He'll be fine, mom 바로 그 순간, 그 '맘'이라는 한마디 말이 내 마음에 콕 박혔다. 아, 내가 저 아이의 엄마구나. 저 울긋불긋한 얼룩과 볼록 올라온 발등을 가진 아이가, 내 아이구나.

그렇게 아이는 아동 전문 병원 신생아 집중 치료실로 옮겨져 2박 3일을 머물렀지만, KT는 당장 치료가 급한 질환이 아니어서 금방 퇴원할 수 있었다. 그때부터 시작된 아이의 성장은, '니큐 베이비'(신생아 집중 치료실에 있었던 아이를 일컫는 말)라는 말이 무색하게 빠른 속도로, 거침없이 이어졌다. 78일 만에 뒤집기를 하더니, 10개월에 일어서서 균형을 잡았다. 그리고는 첫돌이 되기 전, 한 발 한 발 혼자 걸음마를 뗐다. 왼쪽보다 두 배 넘게 큰 오른쪽 다리를 성큼성큼 내디디며. 그렇게 아이는 제가 원하는 만큼, 제가 감당할 수 있는 만큼 빠르게, 혹은 그러다 지치면 조금씩 후퇴하기도 하면서 성장했다.

첫 일 년, 몰아치는 '급성장기'와 일시적 퇴행기를 반복하는 아이를 보며 성장이란 결국 '일 보 전진, 이 보 후퇴' 같은 게 아닐까 생각했다. 한걸음 더 앞으로 내딛기 위해 잠시 휴식하거나 퇴보해야 할 때가 있는 것처럼, 아이의 성장 과정에도 그런 모습이 나타났다. 쉴 새 없이 쏟아 내던 옹알이를 갑자기 줄이고 앙다문 입으로 뒤집기 연습에 몰두할 때, 엄지를 입속에 넣고 빨 수 있게 되었으면서도 잘 때는 꼭 노리개 젖꼭지를 찾을 때, 걸음마를 떼나 싶더니 다시 온 방을 기어 다니며 헤집을 때⋯⋯. 그때마다 나는 아이가 무언가를 하지 않는다고 걱정하거나 다음 단계로 나아가지 않는다고 조급해하지 않았다. 그저 아이가 지금 이 순간 할 수 있는 것, 하고 싶은 것에 집중하느라 그런 것이리라 여겼다. 물론 '니큐 베이비'였던 아이라 관대했던 부분도 있겠고, 한쪽 다리가 무거워 제대로 앉거나 서지 못할 수도 있으리라 생각했던 것과 달리 전반적인 발달 상황이 빨랐기에 가능했던 일이기도 하다. 하지만 앞으로 나아갈 때든 후퇴할 때든, 아이를 가만히 들여다보면 아이는 자신만의 속도와 리듬을 갖고 있다는 걸 확신할 수 있었다. 결국, 부모가 할 일은 그것을 인정하고 아이 옆에서 보아주는 것뿐이다. 그 속도가 너무 빨라 다리에 무리가 될까 봐 걱정되어도, 폭풍같이 몰아치는 육아에 힘겨워도 도저히 아이의 성장을, 그 거침없는 본능을 제지할 수 없었던 우리처럼.

KT, 그건 너의 일부

아이의 오른쪽 무릎 위에는 언제나 조그만 딱지들이 두어 개 붙어 있다. 피가 난 뒤 생기는 딱지와 비슷하게 피부 표면보다 살짝 도톰하게 올라와 있는데, 보통의 경우와 달리 이 작은 딱지들은 시간이 지나도 잘 없어지지 않는다. 이유는 당연하게도, 이것들이 일반적인 상처 딱지가 아니기 때문이다. 그리고 그 근방에는 딱지와는 조금 다른, 볼록하고 투명한 물집도 여러 개 올라와 있다. 모든 게 처음이던 육아 초기, 아이 엉덩이에 솟아오른 투명한 물집을 보고 '이게 기저귀 발진인가?' 생각한 적이 있었다. 하지만 곧 그 투명한 물집이 엉덩이뿐 아니라 허벅지 안쪽과 무릎 안쪽, 발등에까지 볼록볼록 올라오는 걸 보고 아니라는 걸 알았다.

KT는 림프계 이상을 동반하는 질환. 림프계의 이상 형성으로 림프액이 제대로 순환하지 않고 적체되면 이렇게 작은 물집 같은 것이 아이의 몸 곳곳에 볼록 솟아오른다. 보통은 투명한 물집으로 올라오지만, 모세혈관이 이상 증식해 나타나는 붉은 얼룩 위에 물집이 올라오면 림프액에 혈액까지 섞여 피를 머금은, 딱지 같기도 하고 물집 같기도 한 뭔가가 된다. 한창 기어 다닐 적, 이 부분이 바닥이나 아이 손에 긁히면 곧바로 출혈이 생기곤 했다. 그때마다 우리는 집에서 1백 킬로미터 떨어져 있는 병원에 달려가 아이 다리에 레이저를 쏘았다. 한 번에 2, 3초밖에 걸리지 않는 간단한 시술이었고, 그걸 한다고 해서 물집이 완전히 사라지는 것도 아니었지만 그것 외엔 별수가 없었다.

만 18개월, 아이는 요즘 유독 그 부분에 신경이 쓰이는 모양이다. 조용해서 돌아보면 어느새 무릎 위 딱지들을 손으로 잡아 뜯으려고 하거나 혀로 핥고 있다. 딱지가 생기면 괜히 거슬리고 성가셔서 떼어 버리고 싶은 마음은 다 같나 보다. 처음엔 뭐라고 해야 할지 몰라 바라만 봤는데, 같은 행동이 반복해서 눈에 띄니 우선 그 행동을 제지해야겠다는 생각이 들었다. 그러려면 아이에게 할 말을 생각해야만 했다. 무작정 '안 돼'라고 말하고 싶진 않았다. 왜 안 되는지, 이게 무엇인지, 아이는 자라면서 점점 더 궁금해할 것이 분명한데 무조건 '안 된다'고만 할 수는 없었다.

생각 끝에 아이에게 말했다. "그건 네 몸의 일부야. 그래서 없어지지 않고 항상 거기 있을 거야. 그러니까 뜯지 말고 가만

놔두자." 이렇게 말하며 가만히 아이 손을 무릎에서 떼고 무릎을 쓰다듬어 주면 아이는 마치 알아들었다는 듯 잠자코 있었다. 그 모습을 보는 마음이 그리 좋지는 않았지만, 이렇게 나도 아이도 조금씩 더 받아들이는 연습을 해야 한다고 생각하니 나쁘지 않았다.

처음 이 진단이 내려졌을 때, 갓난아이를 품에 안고 매일같이 생각했다. 이걸 아이에게 어떻게 설명해야 할까. 아이가 어느 날 문득 "난 왜 이렇게 태어났어?" "내 다리는 왜 이래?" "이게 뭐야?"라고 묻는 날이 오면, 어떻게 답해 줘야 할까. 종교를 가진 부모들은 아이의 특수한 질환에 대해 '너는 특별해서 그래' 라거나 '너는 신이 내린 특별한 존재야'라는 식의 설명을 많이 한다고 한다. 붉은 얼룩에 대해서는 '천사의 키스 마크'라고 한다고도 했다. 그런데 우리는 그런 설명이 장기적으론 아이에게 좋지 않을 수도 있다고 생각했다. 외모가 달라 또래 집단 속에서 심각한 따돌림이나 놀림을 당할 가능성이 큰데, '너는 특별해' 라는 말이 어쩌면 아이에게 더 큰 상처가 될 수도 있지 않을까. 그런 특별함이라면 필요 없다고, 상처받은 마음으로 더 크게 소리치며 자신을 미워하게 되진 않을까. 그래서 현실적으로 접근하기로 했다. KT는 그냥 아이와 함께 태어난, 아이의 일부인 거라고. 내게 손발에 땀이 많이 나는 다한증이 있는 것처럼, 또 남편이 특이한 모양의 귀를 가진 것처럼, KT 역시 그냥 아이의 일부로서 함께 살고 함께 자라는 것뿐이라고.

오늘도 낮잠 자는 아이 곁에서 손톱 발톱을 깎으며 볼링 핀처럼 생긴 오른 발가락을 매만진다. 발가락에 묻혀 잘 보이지도 않는, 하지만 자랄 만큼 자라 날카로워진 발톱을 하나하나 찾아 깎아 낸다. 그리고 꼼꼼히 살펴본다. 어딘가 또 다른 물집이 올라오고 있진 않은지, 발바닥에 멍이 들어 있진 않은지. 틈날 때마다 아이의 온몸 구석구석을 만져 보고 살펴봐야 하는 게 때로는 고단하고 성가시기도 하지만, 이것 역시 아이와 함께하는 내 삶의 일부. 아이가 이 운명을 짊어지고 사는 동안, 나 역시 아이와 함께 이 삶을 살아 내야 한다.

그래도 마냥 슬프지 않은 건, KT가 우리 삶의 전부가 아니라 일부일 뿐이라고 믿기 때문이다. 자연스럽게 자기 몸에 관심을 보이기 시작하는 아이를 볼 때마다 다짐한다. KT를 우리 삶의 일부로 받아들여 기꺼이 살아 내겠다고. 그래서 어떤 일이 있어도 절망이나 슬픔에 압도되지 않겠다고. "그건 그냥 너의 일부야. 그냥 두는 게 좋겠어"라는 말은 어쩌면 나를 향한 것이었는지도 모르겠다.

짝짝이 신발을 신는 아이

생후 23개월, 아이는 무엇이든 '스스로 하기'에 재미를 느끼기 시작했다. 지퍼를 스스로 올리고 싶어 하고, 옷을 혼자 입거나 벗어 보겠다고 양팔을 휘저으며 점퍼와 실랑이를 한다. 바지도 혼자 입으려고 낑낑대다 우연인지 아닌지 모르게 바짓가랑이에 제 다리를 한 짝씩 집어넣기도 한다. 모든 것이 한창 귀엽고 예쁠 때이지만, 그저 웃어넘기기엔 아픈 장면이 하나 있다. 바로 아이가 양말과 신발을 들고 실랑이하는 모습을 보일 때다.

아이는 KT 증후군으로 진단받은 사람 중에서도 꽤 드문 편에 속한다. 양쪽 발의 부피와 길이가 다른 사람들이 종종 있긴 하지만, 그런 경우에라도 대개는 같은 종류의 신발을 크기만 다르게 해서 신으면 된다. 하지만 아이의 발은 길이뿐 아니라 너비도, 모양도 달라 양말도, 신발도 짝짝이로 신을 수밖에 없다. 왼쪽 양말은 유아용 양말을 신지만, 오른쪽 양말은 청소년용이어야 겨우 발에 맞춰 신을 수 있다. 신발도 왼쪽은 유아용 기성 신발을 신을 수 있지만, 오른쪽은 이 아이가 아니면 누구도 신을 수 없는 크기와 모양으로 맞춘 신발을 신는다. 그러다 보니 아이가 양말과 신발을 스스로 신어 보겠다고 현관문 앞에 앉아 낑낑대는 걸 보고 있으면 우습기도, 안타깝기도 하다. 아직 왼쪽 오른쪽 구분이 되지 않는 데다 제 다리가 짝짝이라는 걸 알지 못하는 아이는 왼쪽 양말과 신발을 오른쪽 발에 대고 한참 애쓰다 결국 성질을 내며 뒤로 뻗는다. 그러면 나는 애써 웃음을 참고는 아이에게 다가가 말한다. "오른쪽에 맞는 양말은 이거야. 이건 엄마가 해도 어려울 때가 많으니까 네가 못하는 건 당연한 거야. 엄마가 도와줄게."

그때마다 왜 양쪽을 바꿔 신어야 한다는 건지 도대체 이해할 수 없다는 표정으로 멀뚱히 나를 바라보는 아이는 신발을 신으면 이내 모든 걸 잊고 신이 나서 이리저리 걸어 다닌다. 다행히 오다가다 마주치는 사람들은 대개 아이의 짝짝이 신발을 크게 신경 쓰지 않는다. 어린이들은 호기심에 고개를 갸우뚱하기도 하고 직접 부모에게 물어보기도 하지만, 어른들은 당황하는 기색 없이 자연스럽게 답한다. "응, 아마 오른쪽 발 크기가 왼쪽 발이랑 다른가 봐." 그리고는 내게 웃으며 말을 건넨다. "몇 살이에요? 잘 걷고 잘 노네요."

여름철에 반바지를 입혀 놀이터에 나가면 종종 양쪽 다리에 관한 질문을 받기도 하는데, 대개 내 설명을 듣고 나면 고개를 끄덕이며 "잘 걸으니 다행이네요"라고 말할 뿐이다. 한번은 놀이터에서 만난 한 아저씨가 아이의 다리를 알아보고 이렇게 말을 건넨 적이 있다. "이거, 림프 기형의 일종 아닌가요? 내 친한 친구의 아들이 이런 비슷한 병을 갖고 태어났는데, 그 애 다리와 비슷해 보여서요." 그런 그에게 나는 반가움 반, 놀라움 반으로 물었다. "이 아이, 잘 자랄 수 있을까요? 다리 때문에 학교생활, 사회생활이 어려워지진 않을까요?" "걱정 말아요. 내 친구 아들 녀석, 학교에서 친구도 많았고 아주 괜찮은 아이로 잘 자랐어요. 지금은 물리치료사로 일해요."

사람들 시선에 무심해지지 않는 것은 오히려 내 쪽이었는데, 짝짝이 다리를 아무렇지 않게 대하는 사람들을 자주 접하면서 마음을 조금씩 놓게 되었다. 동시에 종종 이런 생각을 해본다. 우리가 사는 곳이 한국이라면 어땠을까? 편견일지는 모르겠지만, 아마 아이는 밖에 나서는 순간부터 어떤 시선과 표정, 그리고 노골적인 질문에 맞닥뜨렸을지 모른다. 이런 유추를 하게 된 건 여기서 만난 몇몇 한국인들의 반응 때문이다. 놀이터에서 만난 한국인 아빠는 "아빠, 쟤 신발은 왜 저렇게 커?" 하고 묻는 아이에게 답하지 못하고 "글쎄……" 하고 말끝을 흐리면서 될 수 있는 대로 우리와 눈 맞추지 않으려 애썼다. 버스 정류장에서 만난 한 한국인 여성은 오른 다리를 훤히 드러낸 채 내게 안겨 있는 아이를 위아래로 훑어보며 딱하다는 시선을 건넸고, 한인 마트에서 만난 사람은 대뜸 반말로 "애가 몇 살? 다리가 아픈가 봐. 어떡해?" 하고 말했다. 그런 시선을 만날 때마다, 불쾌하고 화난다. 그냥 좀 자연스럽게, 때로는 유쾌하게 받아들일 순 없는 걸까? 짝짝이 다리를 가졌다고 해서 무슨 비극의 주인공인 것만은 아니고, 짝짝이 다리를 가진 아이의 엄마라고 해서 항상 슬프고 힘든 건 아니다. 남들이 느끼는 육아의 즐거움과 어려움을 똑같이 느끼며 산다. 아이의 모습이 조금 달라 보인다고 해서, 그런 아이의 엄마라고 해서 늘 그렇게 안타깝게만 볼 필요가 없다는 뜻이다.

'짝짝이'는 결국 '다름'을 의미한다. 아무래도 이곳이 한국보다는 '다름'에 좀 더 익숙한 사회인 것 같다. 일례로, 흐린 가을날 이곳 사람들 옷차림은 상상을 초월하는 짝짝이투성이다. 누구는 패딩 점퍼에 샌들, 그 옆 사람은 모자가 달린 두툼한 티셔츠에 얇은 반바지, 그 앞사람은 민소매 티셔츠에 운동복 바지를 입고, 또 그 옆 사람은 쫄쫄이 레깅스에 짧은 셔츠 하나 걸친 차림으로 버스를 기다린다. 한국에선 좀체 보기 어려운 광경이다. 물론 미국은 이 '다름'에 익숙하다 못해 무심한 지경까지 이르러서 누가 무슨 얘길 해도 '나는 나고 너는 너, 그러니까 너도 옳고 나도 옳아' 하는 태도를 보이거나 아예 무관심한 경우가 많은 것이 문제지만, 한국은 또 짝짝이에 너무 익숙하지 않아서 문제다. 그러니 아픈 아이들, 지적·신체적 능력과 생김이 '보통'

혹은 '평균'과 다른 아이들은 놀이터에 못 나가고 집에만 틀어박혀 지내기 일쑤. 어쩌다 밖에 나가면 쌩한 무관심, 혹은 불쾌함이나 안타까움이 묻어나는 시선을 온몸으로 받아 내는 고역을 감수해야 한다.

　아이를 키우다 보면 아이가 엉뚱한 일에 고집을 부려 애먹는 일이 많다는데, 그 예로 자주 언급되는 것이 바로 '짝짝이 양말'이다. 유치원에 가야 하는데 양말을 짝짝이로 신고 가겠다고 고집부리는 아이, 한여름에 털 잠바를 입겠다고 버티는 아이들. 그런데 이곳 아이들은, 아니 아이들뿐 아니라 어른들도, 짝짝이 양말 정도는 예사로 신고 다닌다. 바쁜 아침 시간에 짝 맞는 양말을 찾기가 어려워서 그랬다는 핑계를 대기도 하지만, 실은 그냥 재미로 짝짝이 양말을 신는 사람들도 많다. 그래서인지 아이들이 다니는 어린이집, 유치원, 학교에서는 한 달에 한 번, '짝짝이 양말 신고 오는 날'을 정해 재미 삼아 선생님이나 아이들 모두 짝짝이 양말을 신고 오기도 한다.

　질환이나 장애가 있는 사람들이 우리 사회에서 자꾸 소외되고 배제되는 건, 어딘가 달라 보이는 '짝짝이'들을 자연스럽게 받아들이지 못하기 때문이다. 그만큼 우리는 어떤 평균, 어떤 정상성을 기준으로 세워 두고 그에 맞춰 가거나, 타인의 다름을 부각해 비교하는 데 익숙해져 있다. 짝짝이 정도는 좀 봐주면 안 될까? 그날그날 기분과 상황에 따라 짝짝이 양말을 신을 수도 있고, 그래도 된다는 걸 알고 자라는 아이들이 많아진다면 어떨까? 그렇게 일상 속에서 의도적으로 소소한 짝짝이들을 경험해 보면, 나와 다른 능력, 다른 외모를 타고나 나와 다른 상황 속에서 살아가는 사람들이 세상엔 많다는 걸 좀 더 자연스럽게 이해할 수 있지 않을까? 그러면 세상에는 짝짝이 양말, 짝짝이 신발을 신을 수밖에 없는 사람도 있다는 걸 자연스럽게 받아들일 수 있지 않을까?

사회의 평균과 다른 모습으로 살아가는 사람들을 함부로 평가하거나 단정 짓기보다 그저 다양한 삶의 모습으로 받아들이는 아이들이 많아지면 좋겠다. 그러려면 먼저 엄마 아빠 세대가 참고 용납할 수 있어야 한다. 아이가 짝짝이를 선택하겠다고 말할 때 무작정 야단치기보단 한두 번쯤 너그럽게 보아 넘겨주어야 한다. 타인에게 무심하고 나에게 혹독한 완벽주의자에 가까웠던 내가 조금씩 관대해지고 있는 것도 다, 짝짝이 신발을 신는 아이 덕분이다. 제 다리가 짝짝이인 줄도 모르고 서로 맞지 않는 양말과 신발을 신겠다고 낑낑거리는 아이를 보면서 때로는 킥킥 웃을 수 있는 것도, 다 그래서다.

아이의 말, 반갑고도 속상한 이유

한동안 '아빠' '엄마' '다했다' '안낸내'(안 해) 정도의 말만 하던 아이가 만 두 살 생일을 전후로 갑자기 말이 늘었다. 이 갑작스러운 변화가 마냥 신기했던 어느 날, 남편과 식탁에 마주 앉아 아이가 어떤 말들을 하고 있나 적어 보았다. 놀랍게도 단어 수가 50개가 넘어갔다. 무슨 대단한 말을 하는 건 아니어서 이걸 단어로 쳐야 해, 말아야 해? 싶은 말들도 많았지만, 엄마 아빠가 알아듣고 소통할 수 있다면 단어로 인정했다. 적고 보니 대부분 아이가 좋아하는 사물이나 음식 이름, 그와 관련된 소리를 나타내는 의성어들이었다.

처음 50개를 넘어서면 점점 더 많은 말을 배우게 되어 어떤 시기에는 하루 평균 8개의 새 말을 익힌다는데, 드디어 아이에게도 언어 폭발 시기가 오려는 모양이다. 말이 트이기 시작하니 신이 나서 자꾸 아이에게 말을 더 많이 걸게 된다. 새 단어를 천천히 여러 번 말해 주면 가만히 집중해서 내 입을 들여다보는 눈이며, 고개와 턱, 입술에 힘주어 한 글자씩 내뱉는 입이 어찌나 예쁜지! 어쩌다 새로 알려준 말을 한 번 만에 익히기라도 하는 날엔 퇴근한 남편을 아이 앞에 데려다 놓고 '오늘의 단어' 시간을 갖기도 한다.

사실 우리는 아이가 하루라도 빨리 말을 잘하게 되기를 바라고 있었다. 작년 이맘때 아이는 발이 아파 걷지 못하는 날들이 많았는데, 어디가 어떻게 불편한지 정확히 모르는 상태로 아이의 우는 얼굴을 보고 있자니 너무나 속상했다. 밤마다 발을 붙들고 뒤척이느라 잠을 설치는 아이에게 해줄 수 있는 게 별로 없었다. 아이는 더워지면 유독 KT 증상이 있는 오른발에 땀이 많이 나고, 그 발을 만지며 가려운지 따가운지 아픈지 모를 어떤 불편함을 호소했다. 대체 저 느낌이 뭘까. 가려운 거면 긁어 주고, 따갑거나 아픈 거라면 진통제라도 주지, 뭔지도 모르는데 내가 어떻게 해줘야 하나. 병원에선 잠을 못 잘 정도로 불편해하면 진통제를 먹여 보란 말뿐이었고, 아이는 밤중에 자다 깨면 약을 먹지 않겠다고 버티며 울었다.

그 시간들을 견디던 어느 날 밤, 미국 온라인 KT 환자 모임에 있는 사람들을 붙들고 물었다. 한 엄마가 댓글을 달았다. "여덟 살짜리 우리 애도 가끔 KT 쪽 다리가 아파서 잠을 못 자는데,

애 말로는 그게 '거미가 다리 안쪽에서 살을 잡아당겨 무는 느낌'이래요." 발이 여덟 개인 거미가 잡아당기는 느낌이라니. 말로 표현할 수 있다면, 저렇게도 설명할 수 있구나! 그때부터 더더욱 기다렸다. 아이의 말이 트이기만을.

아니나 다를까, 최초 50개의 단어와 함께 아이는 신체 각 부분을 말로 짚어 내기 시작했다. 먼지 폴폴 내며 놀다 눈에 이물질이 들어가면 "눈, 눈" 하며 내게 눈을 들이대고, 귀가 간지러우면 귀에 내 손가락을 갖다 넣고 "귀" 한다. 며칠 전엔 갑자기 욕실 어딘가에서 라벤더 향이 나는 비누를 꺼내 와서는 오른발에 대고 문지르며 "비누, 발, 발" 했다. 무슨 소린가 하고 가만히 보니 놀랍게도 작년 이맘때 내가 라벤더 기름과 코코넛 기름으로 마사지해 준 걸 기억하는 모양이었다. 작년 겨울, 진통제 대신 시도해 본 것 중 하나가 방향유를 활용한 마사지였는데, 신경 안정 작용을 한다는 라벤더 기름을 코코넛 기름에 섞어 림프액 배액 마사지 마무리 단계에 발라 주곤 했다. 갓 한 살 생일을 넘긴 때에 엄마가 해준 마사지의 향과 느낌을 기억하는 아이를 보며 우리는 "똑똑하다!" 호들갑을 떨었지만, 마냥 기쁜 것만은 아니었다. 왜 아니겠는가. 말을 배우면서 가장 먼저 익히게 되는 것이 아프고 불편하다는 표현이라면.

그렇지만 어쩔 수 없다. 평생 갖고 살아야 하는 병이니 모르는 것보다 잘 알고 있는 게 낫다. 갑자기 몸에 무슨 문제가 생기더라도 너무 놀라지 않고 침착하게 대처하도록, 도움이 필요할 때 정확하고 자세히 설명해 신속하게 적절한 도움을 받을 수 있도록 말이다. 그렇게 생각하면 아이가 자신의 몸과 관련 있는 말을 배워 나가는 건 긍정적으로 받아들일 수 있다. 최근에는 아이가 감정 표현에도 익숙해지도록 돕고 있는데, 그것도 다 KT 때문이다. 화가 날 땐 화가 난다고 말로 몸으로 표현해야 마음이 덜 다친다는 것을, 좋고 고맙고 미안한 감정도 다 말이나 몸으로 표현할 줄 알아야 한다는 것을, 때론 눈물이 날 정도로 아플 때가 있고, 그럴 땐 약의 힘을 빌릴 수도 있다는 것을 일찍부터 알려 주고 싶어서다.

하지만 아이에게 일찍 가르치고 싶지 않은 말도 있다. 욕설과 남을 비하하는 표현이다. 장애가 있는 아이를 기르는 부모들이 종종 하는 이야기가 있다. 아이들이 말을 배울 때 욕설과 각종 비속어도 열심히 가르쳐야 했다는 이야기. 집 밖에 나서는 순간 나쁜 말과 불쾌한 시선, 거친 행동 등의 폭력과 마주할 수 있는 사회에서 몸이 아프거나 지적·신체적 능력과 생김이 다른 아이들이 자신을 보호할 수 있으려면, 먼저 상대방이 뭔가 나쁜 말을 하고 있다는 것부터 인지해야 한다. 왜 사람들은 누군가를 향해 욕을 하는지, 다르다는 이유로 욕을 하는 것이 왜 부당한 일인지, 그 속에 담긴 모든 의미를 아이에게 설명해 주어야 한다. 그래야 폭력의 가해자들에게 모두가 평등한 사람이라고, 차별적으로 대해서는 안 된다고 말할 수 있고, 자신의 존엄을 흔들리지 않고 굳게 지킬 수 있기 때문이다.

그렇게 해서라도 아이를 지키고 싶은 부모 마음에는 우리가 사는 세상이 그대로 투영되어 있다. 능력과 생김이 다른 사람들을 제멋대로 '비정상'의 범주에 넣고, 하찮게 보고, 함부로 대하는 사회이기 때문이다. 아픈 아이들에게 욕설부터 가르쳐야 하는 사회. 아이들이 독한 마음으로 버티며 자신을 보호할 무기를 갖추거나, 아주 특별한 노력을 기울여 철인이 되어야 하는 곳.

비록 나는 그런 세상에 아이를 내놓았지만, 그렇다고 해서 아이에게 욕을 가르치고 싶진 않다. 그 대신 세상을 바꾸고 싶다. 내 아이를 무장시키는 건 세상을 바꾸는 일보다 훨씬 쉬울지 모른다. 그러나 그건 잘못된 현실을 용인하고 그대로 두는 일이 될 수 있다. 작은 입을 오물거려 이제 갓 말을 떼기 시작한 만 두 살의 아이를 보며, 아이에게 욕을 먼저 가르칠 수는 없다고 가만히 다짐해 본다.

고마워, 꼬마 니콜라

하루 평균 여섯 시간, 아이는 바깥에서 논다. 물론 날씨가 허락하는 날에 한해서이지만, 한겨울을 빼고는 대개 그렇게 바깥에서 오래도록, 온 동네 놀이터를 순회하며 논다. 한눈에 보아도 무거워 보이는 오른쪽 다리에도 아랑곳없이 뛰고, 걷고, 놀이 기구를 오르내리며 논다. 그중에서도 최근 가장 즐겨 찾는 '핫 플레이스'는 집 근처 교회에 딸린 작은 놀이터다.

그동안 주변을 지나다니다 먼발치에서 자주 보긴 했지만, 둘레를 따라 하얀 울타리가 쳐져 있어 당연히 그 교회에 다니는 아이들에게만 열려 있을 줄 알았다. 그런데 어느 날 아이와 저녁 산책을 마치고 돌아온 남편이 말했다. "거기, 개방된 공간인 거 알아?" 다음 날 아이를 데리고 그 놀이터에 가보니, 문에 달린 잠금장치가 열쇠나 자물쇠 형식이 아니라 어른이면 누구나 쉽게 여닫을 수 있는 형태로 되어 있었다. 그저 잠금장치를 문 바깥에 달아 아이들이 도로로 튀어 나가지 못하도록 해두었을 뿐, '외부인 사용 금지' 같은 팻말은 어디에도 보이지 않았다. 문 왼쪽에는 '니컬러스 셴 비어스Nicholas Shen Beers 추모 놀이터'라는 문패가, 그 오른쪽에는 작은 안내판이 붙어 있었다. 가운데가 깨져 있어 정확한 문구는 알기 어려웠지만, 대강 말을 맞춰 보면 해 뜰 무렵부터 해 질 무렵까지, 누구나 이 놀이터에서 놀아도 되는 모양이었다.

반가운 마음에 놀이터에 들어가려고 문을 향해 손을 뻗는 순간, 뭔가가 내 시야에 들어왔다. 출입구 오른쪽 아래 바닥에 설치된 작은 조각판에 한 아이의 얼굴 그림과 함께 짧은 문장이 새겨져 있었다.

니컬러스 셴 비어스(1987~1990)

이 놀이터는 이곳에서 뛰놀며 행복한 시간을 보냈던 니컬러스 셴 비어스를 위한 곳이다. 너무나도 짧았던 그의 생애를 대신해, 이곳에 와서 노는 모든 아이가 자신의 꿈을 이루고 오래오래 행복하게, 건강하게 살기를 바란다.
사랑해. 보고 싶다.
—— 닉Nick을 기억하는 가족과 교회 식구들이

니컬러스. 나보다 고작 삼 년 늦게 태어난 아이. 살아 있다면 나처럼 자기 아이를 데리고 나와 어릴 적 뛰놀았던 이곳에서 함께 놀았을지도 모를 누군가의 이야기였다. 무슨 사연으로 그렇게 일찍 생을 마감해야 했을까, 어디가 아팠던 걸까, 아니면 예기치 못한 사고였을까. 가족들은 이곳에 아이 이름과 얼굴을 새겨 놓고 어떻게 살아가고 있을까. 부모들은 아이를 잃고서도 계속 이 동네에 살았을까, 아니면 다른 곳으로 이사 갔을까? 형제자매가 있었다면 그들은 어떻게 살고 있을까?

아이와 함께 놀이터에 들어가 노는 내내, 머릿속은 그런 질문들로 가득 채워지고 있었다. 25년 전 니컬러스가 밟았던 땅을 지금 내 아이가 밟고 있다는 것이 새삼스러웠다. 그는 이미 오래전 이곳을 떠났지만, 그의 발자국과 땀 내음, 웃음소리가 놀이터 곳곳에 묻어 있는 것만 같았다. 니컬러스도 내 아이처럼 이렇게 하루에도 몇 시간씩 나와 노는 걸 좋아했을까? 더 놀고 싶어서, 집에 가기 싫어서 목 놓아 울고 떼썼을까? 바람에 꽃잎이 떨어지면 그 꽃잎을 들여다보느라 허리를 굽히고 한참을 머물러 있었을까? 꽃삽으로 모래를 퍼다 덤프트럭으로 실어 나르고 모래로 피자를 만들어 오븐에 굽겠다며 이리 뛰고 저리 뛰는 아이를 바라보며, 우리에게 이런 공간을 내어 준 '꼬마 니콜라'는 어떤 아이였을까 그려 보았다.

얼마나 지났을까. 그네도 타고, 미끄럼틀에 장난감 자동차를 내려보내며 실컷 놀고 난 아이가 마침내 놀이터를 나서겠다고 선언했다. 모래 놀이터 주변을 정리하고 문을 열고 나서려는데, 아이가 문득 놀이터를 향해 돌아서서는 "땡큐, 빠빠이!" 하며 손을 흔든다. "앞으로 이 놀이터에서 놀다 갈 때는 니컬러스에 게 고맙다고 말하는 게 어떨까?" 하고 농담 반 진담 반 던졌다는 아빠의 말을 기억하는 모양이었다. 아이와 함께 놀이터를 향해 손을 흔들고 출입문을 나서는데 한줄기 바람이 우리 곁을 스쳤다. 그 바람결, 그리고 그 결에 흔들리는 꽃나무 가지 사이사이에 비록 짧은 생애였지만, 뛰놀며 깔깔 웃었을 꼬마 니컬러스의 모습이 어렴풋이 보이는 것만 같았다. 안타깝게도 너무나 짧은 생애였지만, 이곳에서 뛰어놀며 제 몫의 운명을 다하고 떠난 그 아이가. 아마 그의 가족이 이곳에 아이의 이름과 얼굴을 새겨 넣은 이유도 그래서였을 것이다.

그날, 아이와 함께 놀이터를 나서면서 마음속으로 니컬러스에게 말을 걸었다. '고마워, 니컬러스. 우리 아이 잘 좀 봐줘. 많이 아프지 않고 행복하게, 꿈을 이뤄 가며 살 수 있게, 네가 좀 보살펴 줘. 무거운 오른 다리 번쩍번쩍 들어 가며 열심히 노는 아이, 네 몫까지 행복하게 살 수 있게 내가 열심히 도와 볼게. 꼬마 니콜라! 땡큐, 그리고 빠빠이!'

신발이 닳도록, 카르페 디엠

시시때때로 밖에 나가 걷고 뛰며 노는 아이가 갑자기 걷기를 싫어하며 안아 달라, 업어 달라 조를 때면 신발을 먼저 확인해 본다. 이번에도 그랬다. 어느 날 아이가 걷기 싫어하는 느낌이 들어 신발을 벗기고 발을 이리저리 살펴보니 오른발 엄지발가락 바깥 부분이 빨갛게 부어올라 있었다. 겉으로 보기엔 아직 여유 공간이 있어 보였는데, 며칠 지나지 않아 오른쪽 엄지발가락 부분의 실밥이 터지고야 말았다. 범상치 않은 발, 절룩거리는 걸음에도 아랑곳 않고 신발이 닳도록 밖에 나가 논 결과다.

아이의 오른발은 일반적인 발 모양과 완전히 다르다. 길이는 왼발과 크게 차이 나지 않지만, 전체적인 발바닥 너비가 넓다. 특히 발가락이 많이 부어 있어 발가락 부분의 너비가 내 발 너비와 맞먹는다. 발등은 또 어찌나 높은지, 275밀리미터짜리 남자 신발이나 되어야 발을 완전히 신발 안에 넣을 수 있다. KT 환자 중에 양쪽 발 크기가 다른 사람들이 많이 있긴 하지만, 대부분은 디자인은 같고 치수가 다른 신발을 두 켤레 사서 한쪽씩 맞춰 신으면 된다. 하지만 아이는 KT 환자 중에서도 드문 경우여서 맞춤 신발이 아니고서는 신을 수가 없다.

그래서 우리는 6개월에 한 번, 맞춤 신발 회사에 주문을 넣는다. 이 회사에 신발을 주문하려면 우선 온라인으로 원하는 색상을 선택해 주문하고, 종이에 아이 발바닥을 대고 그린 다음 발 각 부분의 치수를 써서 우편으로 보내 줘야 한다. 그러면 회사에서는 아이 발 치수에 맞춰 수작업으로 신발을 만든다. 주문에서 발송까지 약 3주가 걸리고, 비용도 10만 원 가까이 드는 일이라 우리 형편에 그리 쉬운 일은 아니다. 하지만 그 시간과 비용이 아깝지 않을 정도로 우리에겐 절박한 것이 아이의 신발이다. 그렇게 만들어진 세 번째 맞춤 신발이 지난주에 도착했다.

하지만 이 새 신발을 바로 신길 수는 없다. 이제는 엄마가 직접 신발을 손볼 차례. 아이는 왼쪽보다 오른쪽 다리가 길기도 해서 왼쪽 신발 밑바닥에 깔창을 덧대어 주지 않으면 걸을 때 심하게 절룩거린다. 일 년에 한두 번 정형외과 진료가 있을 때 병원에서 깔창을 붙여 주는데, 이번엔 신발 주문 시기와 정형외과 진료 시기가 서로 맞지 않아 가내수공업으로 해결해야 했다. KT 와 함께 산 지 2년 반, 신발 밑창 붙이는 것 정도는 이제 그냥 식은 죽 먹기다. 맞춤 신발 매장을 찾기 전, 집에서 직접 만들어 보겠다고 궁리했던 적이 있어, 각종 도구를 갖추고 있기 때문이다. 이번엔 예전에 친구에게서 얻어 둔 헌 신발을 이용했다. 운동화 류는 밑창 분리가 어려웠는데, 얇은 가죽 재질의 단화는 커터 칼로 죽 그었더니 제법 깔끔하게 뜯어졌다. 분리된 단화 바닥 바깥에 얇게 붙어 있던 굽 한 겹도 커터 칼로 뜯어내고, 얇은 소재를 한 겹 깔아 넣어 편평하게 만든 다음 '콘택트 시멘트'contact ce- ment라고 하는 특수 접착제를 발라 새 신발에 붙였다.

그리고 닳고 작아져 앞이 터진 헌 신발에는 구멍을 내어 샌들을 만들었다. 마음 같아서는 여름용 샌들도 맞춤 주문해서 신기고 싶었지만, 비용도 부담되고 한 철 신고 나면 더 못 신게 될 거라 말았다. 더운 여름에도 양말을 신고 앞뒤가 막힌 신발을 신어야 하는 아이가 못내 안쓰러웠는데, 이렇게나마 샌들 비슷하게 만들어 동네 산책길에라도 신길 수 있으니 마음이 한결 나았다. 말이 샌들이지 이미 낡아 버린 신발에다 구멍을 뚫은 것뿐이라서 보기엔 영 예쁘지 않지만, 그래도 제 눈에는 색달라 보이는지 잘 신는 게 고마울 따름이다. 샌들도 새 신발도 몇 달 지나지 않아 다시 닳고 헤지겠지만, 그래도 또 당분간은 신발 걱정 없이 마음껏 나가 놀 수 있으니 그걸로 됐다. 뒷일은 나중에, 지금은 그저 카르페 디엠Carpe Diem.

매일 아침저녁으로 남편과 둘이 번갈아 아이와 함께 걷고 뛰며 놀이터에 퍼져 앉아 노는 우리를 보고 친구들, 이웃들이 묻는

다. 어쩜 그렇게 하루에 몇 시간씩 밖에 나가 놀 수가 있느냐고, 체력이며 인내심이 대단하다고. 우리는 이렇게 대답한다. 체력도 인내심도 아니고, 아이와 함께하는 '지금 이 순간'에 집중할 뿐이라고. 그러면서 한 엄마의 이야기를 전하곤 한다. KT 때문에 다리가 아파 운동할 수 없고 학교도 한 달가량 쉬어야 했던 한 소년의 엄마는 나같이 어린 KT 아이를 둔 부모에게 당부했다. 아이가 아프지 않을 때, 마음껏 걷고 뛸 수 있을 때 아이가 하고 싶어 하는 대로 실컷 뛰어놀 수 있게 해주라고. 할 수 있을 때 많은 시간을 함께 보내며 행복한 추억을 많이 만들어 두라고.

내게 이런 이야길 해준 엄마는 지금이라도 아이를 설득해 휠체어에라도 태워 여기저기 여행을 다니고 싶다고 했다. 그 마음이 어떤 마음일지 너무 잘 아는 우리는 지금 이 순간에도, 엄마 아빠 바짓가랑이를 붙들고 "밖에! 밖에!" 하고 소리치는 아이의 바람을 뿌리칠 수 없다. 그래서 오늘도 우리 가족은 걷고 뛰며 동네 곳곳을 누빈다. 나중에 언젠가 아이가 아파 걷지 못하는 날이 많아지더라도 너무 후회하지 않도록, 아이가 조금 더 커서 우리 손을 뿌리치고 친구와 놀겠다며 현관문을 열고 뛰어 나갈 때도 너무 서운해하지 않도록. 그때그때 최선을 다해 아이와 함께한 오늘, 지금 이 순간을 오래오래 기억할 수 있도록. 그래서 오늘도 우리는 신발이 닳도록 '카르페 디엠', 말 그대로 그날그날을 붙들어 즐기는 중이다.

아이 주도 배변 연습, 그 13개월의 기록

만 30개월. 아이가 갑자기 기저귀를 떼버렸다. 그것도 낮 기저귀와 밤 기저귀를 모두 한꺼번에. 어느 아침 일어나 쉬를 하러 화장실에 가겠다기에 이게 무슨 일인가 하고 변기에 앉히면서 살펴보니 밤새 차고 있던 기저귀가 보송보송했다. 처음 며칠은 '에이, 설마. 이렇게 갑자기?' 싶은 마음에 '좀 더 두고 보자' 했다. 그런데 이게 웬일? 열흘이 다 되도록 실수 한번 없이 종일 팬티를 입고 지낸다. 낮잠을 건너뛰어 많이 피곤한 날이 아니면 밤에 자다가도 일어나 화장실에 가서 소변을 보고 다시 잠든다. 갑자기 기저귀 빨래에서 해방되고 나니 기분이 묘하다.

　우리는 흔히 말하는 '배변 훈련'이란 걸 제대로 시작해 본 적이 없었다. 아이가 원하는 때에, 원하는 방식으로 도와주리란 마음으로 기회가 닿을 때마다 필요한 도구를 갖춘 게 다였다. 시작은 유아용품을 중고로 사면서 덤으로 싼값에 업어 온 아기 변기였다. 생각보다 빨리, 15개월 무렵에 장만하게 된 예쁜 꽃분홍색 변기를 우리는 그저 무심히 집 한구석에 내버려 뒀다. 아이는 정신없이 놀다 갑자기 얼음, 자세를 취하고는 선 채로 혹은 엎드린 채로 기저귀에 응가를 했고, 늘 하던 대로 아이가 일을 마치면 화장실에 가서 씻겼다.

22개월 차, 아이가 한 단어로 된 말을 조금씩 할 줄 알게 되었을 때였다. 아이가 똥 누는 자세를 취할 때마다 "어, 우리 아들 똥 하네?"하고 말로 일러 줬더니, 아이도 곧 '똥!'이라고 외칠 수 있게 됐다. 이때 처음으로 좀 더 적극적인 개입을 시도했다. 아이들은 똥을 자신의 일부라고 여겨 그것이 물에 쓸려 내려가는 걸 보면 무서워하거나 불안해할 수도 있다는 구절을 어디선가 읽은 후였다. 흠, 그렇단 말이지? 그럼 우선 공포감을 덜어내는 일부터 시작해 볼까? 마침 우리는 천 기저귀를 쓰고 있으니 어차피 아이가 똥을 누면 기저귀를 바로 빨아야 하는 처지. 원래는 아이를 먼저 씻겨서 내보내 놓고 기저귀는 욕조에서 빨았는데, 이때부터는 아이가 일을 보고 나면 같이 화장실에 가서 기저귀를 벗고 변기에 똥을 털어 넣었다. 그리고는 물을 내리며 아이를 보고 말했다. "자, 똥 빠빠이! 잘 가! 해주자." 그렇게 몇 번 했더니 아이는 곧 손을 흔들며 똥에게 작별 인사를 할 수 있게 됐다.

그렇게 또 시간이 지났다. 그 사이 저 작별 의식 외엔 별다른 '훈련'을 하지 않았다. 엄마 아빠가 볼일을 볼 때 화장실에 따라 들어오면 꼬박꼬박 "너도 조금 더 크면 이렇게 앉아서 하게 될 거야"라고 말해 주긴 했다. 그 영향일까, 24개월 차에 들어서자 갑자기 아이가 화장실 변기에 올라가 앉고 싶어 했다. 그래서 부랴부랴 화장실 변기에 붙였다 떼었다 할 수 있는 유아용 변기 시트를 마련했다. 그런데 문제는 '똥이 나올 정확한 때'를 잘 몰라서인지, 아니면 다른 심리적인 이유에서인지, 아무튼 똥 한 번 누려면 화장실을 몇 번씩 들락거려야 한다는 것. 아랫도리를 움켜쥐고 발까지 굴러가며 "똥, 똥" 해대는 통에 급히 화장실에 데려가 앉혀 주면 아이는 얼마 있지 못하고 다시 내려오곤 했다. 기저귀를 다시 채워라, 바지를 입혀라, 난리를 피워 대는 걸 겨우 추슬러 화장실 밖으로 나오면, 또 일 분도 안 되어 다시 내 손을 잡아끌고 화장실로 종종걸음을 쳤다. 많을 때는 열 번까지도 들락거리다가 결국 똥은 난처한 표정으로 엉거주춤하게 서서는 기저귀에다 눴다.

24개월, 25개월, 26개월을 모두 그렇게 보냈다. 이틀에 한 번, '그분'이 오시는 날엔 아이를 따라 화장실에 들락날락하면서 내 혼마저 들락날락하는 기분이었다. 열 번씩 기저귀를 벗겼다 입혔다 하는 게 너무 힘들어 팬티를 입혀 볼까 했지만, 아이는 새 팬티를 개구리 인형에게 떡 하니 입혀 놓고 제가 입으려 들지는 않았다. 어떤 때는 좀 진득하게 변기에 올라가 앉아 있기도 했는데, 변기 앞에 아이와 마주 앉아 우두커니 그분을 기다리는 기분이 유쾌할 리 없었다. 특히 식사 준비를 하고 있을 때나 식사를 하다 말고 똥을 누겠다고 왔다 갔다 할 때는 남편도 나도 이래저래 정신이 없고 비위가 상했다. 아무리 내 아들이라지만 밥 먹다 말고 보는 아들 똥이 귀여울 리 없었다. 무거운 아이를 들어 변기에 앉히는 게 힘들어 '끙' 소리가 절로 났고, 만사가 귀찮아 '어차피 결국 기저귀에다 할 거, 화장실 들락거리지 말고 그냥 하면 안 되겠니'라고 말하고 싶을 때도 많았다.

도저히 더 못 하겠다, 이거 언제 끝나나 싶었다. 계절은 어느새 한여름에 들어섰는데, 밥 먹자마자 놀이터에 나가 놀아야 하니 그 흔한 '벗겨 놓고 지내기' 따위는 할 시간도 여유도 없었다. 기저귀가 푹푹 젖어도 그저 놀기 바쁜 아이를 데리고 다니는 내 가방 속에는 늘 언제 어디서든 갈아입힐 기저귀와 기저귀 커버, 여분의 바지가 들어 있었다. 그랬는데! 갑자기 열흘 전부터 그 모든 것이 사라졌다. 누가 요술이라도 부린 것처럼, 갑자기 한순간에 사라졌다. 아, 이렇게 오고야 마는구나. 기저귀를 벗는 그날이! '훈련'하지 않고서도 스스로 해낼 수 있구나!

내가 종종 뒤적여 보는 한 육아서*의 저자는 '배변 훈련'이

---

* T. Berry Brazelton, *Touch Points: Birth to Three*, Da Capo Lifelong Books, 2006.

라는 용어에 문제가 있다고 지적했는데, 겪고 보니 그의 말에 수긍이 간다. 영어로 배변 훈련은 파티 트레이닝potty training인데, 저자는 배변과 관련된 일련의 성장 과정은 양육자가 주도하는 트레이닝training이 아니라 아이가 주도하는 러닝learning, 즉 아이가 스스로 익히고 배우는 과정을 통해 이뤄져야 한다고 주장한다. 직접 겪어 보니 정말 그렇다. 부모가 주도하는 훈련이 아니었기 때문에 아이가 단번에 기저귀를 뗄 수 있었던 게 아닐까.

흔히 아이를 기르는 데 가장 필요하고도 어려운 일이 '기다려 주기'라고 한다. 평소 한 인내심, 한 끈기 하는 우리 부부의 성향 덕분에 장장 13개월여에 걸친 배변 연습을 아이와 함께할 수 있었던 것 같다. 덧붙이자면, '기다려 주기'보다는 그냥 '같이 기다리기'가 될 때, 아이도 부모도 즐겁게 한 발 한 발 앞으로 나아갈 수 있는 것 같다. 기다려'주기'는 아무래도 힘이 들어가는, 억지로 참으며 하는 일인 반면, '같이 기다리기'는 시간의 흐름에 몸과 마음을 내맡기는 일이기 때문이다. 중요하고 어려운 과제 하나를 가뿐히 풀어낸 기분이다. 또 함께 기다리면서 풀어 나가게 될 다음 과제는 무엇일지, 사뭇 기대된다.

만 세 살, 때가 왔다

드디어 때가 오는 모양이다. 모임에 데리고 나가도 그저 혼자, 혹은 엄마 아빠를 붙들고 장난감 자동차나 가지고 놀던 아이가 조금씩 타인의 존재를 인지하기 시작했다. 놀이터에 제 또래 아이들이 오면 다가가 인사하고, 뭔가 통하는 게 생기면 친구를 따라 깔깔 웃으며 뭔가를 함께하고 싶어 한다. 공원 한구석에 만들어 둔 자동차 모형에 올라타 신나게 놀다가도 "이 친구도 타고 싶대"라고 일러 주면 순순히 내려와 양보한다. 차례를 기다릴 줄도 알고, 아끼는 장난감을 동생에게 나눠 주기도 한다. 친구의 이름을 부를 줄 알고, 친구가 보이지 않으면 안부를 궁금해할 줄도 안다. 아, 드디어 오는구나. 세상엔 엄마 아빠만 있는 게 아니라는 걸, 사람은 혼자서는 살 수 없다는 걸 깨치는 그 날이! 3년,

그렇게 말이 많더니 이제 알겠다. 아이에게, 부모에게 첫 3년은 정말 중요하다.

내가 느끼기에 생후 3년이 중요한 이유는 흔히 말하는 애착 문제나 안정적인 정서 발달 때문이 아니라, 아이들의 '때'와 관련이 있는 것 같다. 자라는 아이에겐 '때'라는 게 있다. 젖병으로 우유를 먹다 컵에 우유를 따라 마시게 되는 것도, 무릎으로 기다가 두 발 딛고 일어서 걷는 것도, 기저귀를 벗어 던지고 팬티를 입는 것도, 옷을 스스로 입게 되는 것도, 다 아이 스스로 준비가 되었을 때 자연스럽게 일어나는 변화다. 아이가 눈부시게 성장하는 첫 3년, 양육자가 감당하는 가장 중요하고도 공이 많이 드는 일은 아이에게 그 '때'가 언제 어떻게 다가오는가를 천천히 알아 가는 일이다. 오로지 자기가 우주의 중심인 듯 살던 아이가 불현듯 타인의 존재를 알아차리게 되는 때, '사회적 동물'인 인간으로서 서는 때 역시 자연스러운 변화를 거쳐 도래하고, 그때가 바로 만 세 살 무렵인 것이다. 그러니 적어도 첫 3년, 중요한 성장 과정을 거쳐 처음으로 '사회적 동물'로 넘어가는 단계에 이를 때까지는 아이들이 자기만의 속도로 자랄 수 있도록 기다려 줄 필요가 있겠다는 생각이 든다.

영아기 아이를 3년 내내 주 양육자가 끼고 돌봐야 한다는 얘기가 아니다. 이웃도, 가족도 공동체성을 상실한 지 오래인 세상에서 어느 한 사람이 전적으로 영아를 돌보는 것은 차라리 착취에 가깝다. 우리는 이런저런 사정상 3년 내내 가정 보육을 했는데, 부부간에 가사와 육아 분담이 잘 되는 편이긴 해도 힘에 부치는 날들이 참 많았다. 경제적으로 여유가 없으니 사립 보육 기관에 아이를 보내는 일은 애초에 불가능했고, 저소득 가정 대상 무상 보육 서비스는 만 3세가 넘어야 지원할 수 있다. 그마저도 대기자가 많아 언제 들어갈 수 있을지 알 수 없는 상황이다. 그러다 보니 육아는 전적으로 부부의 몫이었고, 할 수 있는 일이라곤 그저 아이가 자라기를 기다리는 일뿐이었다. 아이러니하게도, 그 어쩔 수 없는 환경 속에서 아이의 성장에 기다림이 얼마나 중요한지를 알게 됐다.

가정 보육을 하든 기관 보육을 하든, 저마다의 속도를 존중하며 아이들을 길러 내려면 먼저 부모와 사회, 국가가 아이들을 기꺼이 기다릴 수 있어야 한다. 그런데 미국이나 한국이나 기다림이나 개인의 속도를 용납하지 않는다. 빠른 성장과 이윤 추구, 비교 우위와 경쟁을 최고 가치로 여기는 사회에서 기다림은 낭비이기 때문이다. 미국에서 '데이케어'day care 혹은 '차일드 케어'child care라고 불리는 종일 보육 시설은 생후 6주 이상 아기부터 받을 수 있는데, 어린아이를 맡길수록 더 큰 비용이 든다. 부모로서 마음이 더 쓰일 수밖에 없는데도 생후 6주 된 아기를 남의 손에 맡겨야 하는 상황이란 하나뿐이다. 부모가 최소한의 출산휴가·육아휴직조차도 쓸 수 없는, 그랬다가는 현재의 생존이 위협받는 상황에 놓여 있다는 뜻이다. 회사는 육아휴직을 쓰고자 하는 엄마 아빠를 기다려 주지 않고, 그걸 아는 엄마 아빠 역시 아이의 때를 기다려 줄 수 없다. 출산 6주 만에 일하러 나가야만 하는 부모가 아이의 성장을 유심히 관찰하며 기다려 주고 변화를 알아보기란 불가능한 일이다. 한꺼번에 많은, 월령이 다양한 아이들을 돌보아야 하는 보육 기관 교사 역시 아이들을 일일이 기다릴 여력이 있을 리 없다. 무엇보다도 일찍부터 보육 기관이라는 '사회'에 들어가게 되면 아이들은 아무래도 자신의 때와 능력을 믿고 천천히 나아가기보다는 다른 아이들과 보조를 맞춰 자신을 조정하고 주어진 환경에 적응하는 데 익숙해지기가 쉽다.

아이들을 위해 기꺼이 기다릴 수 있는 환경을 만들자면. 거기에 따르는 어떤 몫이나 희생을 국가와 사회, 직장과 보육 기관, 마을과 가족이 함께 나눠서 질 수 있어야 한다. 그러려면 지금처럼 주어진 사회적 조건 내에서 부모에게 각자도생할 것을 기대하거나 요구할 것이 아니라, 오히려 위에서부터 차례차례 그 짐을 나누어 내려와야 한다. 즉, 국가가 가정 친화적인 노동환경을 보장하고, 직장이 엄마 아빠의 자유로운 휴직과 복직, '저녁이 있는 삶'을 보장하며, 도시와 동네 곳곳에 가족과 아이를 위한 공간이 충분히 마련되어야 한다. 그리고 가정에서는 공동 양육자가 평등하게 제 역할을 하고, 영유아기 아이를 둔 양육자가 경제적·심리적으로 여유 있는 생활을 보장받을 수 있어야 한다. 또한 국가가 양질의 보육 기관을 보장하고, 연령대에 따라 돌봄 교사 한 사람이 맡는 아이 수를 조정해, 돌봄 교사나 아이 모두 조금 더 안정적인 기관 생활이 가능하도록 도와야 한다. 부모 중 한 사람이 가정 보육을 할 때도 돌봄 노동이 한 사람에게 가중되지 않도록 기관의 도움을 충분히 받을 수 있어야 하고, 아이를 데리고 혹은 아이를 맡겨 놓고 편안하고 자유롭게 집 밖에서 식사하고 문화생활을 즐기는 것이 당연시되는 사회적 분위기가 조성되어야 한다.

양육자가 가장 가까이에서 아이의 성장과 함께하되, 언제든지 전문 보육 기관과 연륜 있는 양육 보조자의 도움을 받을 수 있으면, 그래서 아이의 첫 3년을 조금 여유롭게 지켜봐 줄 수 있다면 좋겠다. 이렇게 해서 모든 아이가 태어나 처음 3년 동안 양육자와 사회로부터 전적으로 지지받고 사랑받을 수 있게 된다면, 자연스러운 자기 내면의 흐름을 따라 저마다의 속도로 성장할 수 있지 않을까. 그리고 그 힘을 바탕으로 조금 더 단단하고 즐겁게, 앞으로 살아갈 힘을 기를 수 있지 않을까.

3년 만에 거의 처음으로, 놀이터에서 엄마를 붙들지 않고 낯선 친구들과 어울려 깔깔대는 아이를 보며 생각에 잠긴다. 이 아이에게 과연 이런 때가 올까 궁금해하던 날이 분명 있었는데, 아이는 어느새 훌쩍 자라 내 바짓가랑이에서 손을 떼고 저만치 앞서 나가 있다. 과연 아이가 처음 만나게 될 집 바깥의 세상은 어디일까, 몹시 궁금해진다.

착한 어린이는 울지 않는다고?

〈뽀로로와 노래해요〉라는 방송물에는 내가 정말 싫어하는 노래 가사가 등장한다. "착한 어린이는 울지도 않아요. 누가누가 뭐라 해도 하하하 웃지요"라는 대목이 바로 그것이다. 뽀로로에 관심이 빨리 떨어져서 아이가 그 영상을 더는 찾지 않아 다행이지만, 한동안 이 동영상을 볼 때면 일부러 노래가 나오는 부분을 건너뛰거나 듣는 내내 아이 옆에서 구시렁거렸다. 일부러 그때그때 내 마음 내키는 대로 가사를 바꿔 큰 목소리로 부르기도 했다. 실은 저 노래 가사 하나하나가 다 귀에 거슬렸다. 놀다 다쳐도, 친구와 싸워도 하하하 웃어야 '착한' 어린이라니. 아니 뭐 어린이는 꼭 착하기만 해야 하나? 착한 어린이는 장난을 치지 않는다고? 장난치지 않으면 그게 어린인가? 다치면 아프고 기분

나쁜데 넘어져도 일어나 웃으라니 저건 또 무슨 소리야! 삼십 년 전 나 어릴 때 나온 가사라면 또 모를까, 요즘도 이런 식의 가사가 쓰이고 있다는 것이 놀라웠다.

나는 아이가 어릴 때부터 자신의 감정을 정확히 알고 표현하는 것, 특히 가정 내에서 양육자와의 관계 속에서 그런 감정적 소통을 연습하는 것이 중요하다고 생각한다. 내 경우, 사이가 좋지 않은 부모 밑에서 자라면서 내 감정이 무시되거나 인지조차 되지 못할 때가 많았다. 나는 어릴 적부터 감정 기복이 다소 있는 편이었는데, 그런 내게 엄마는 "왜 잘 놀고 들어와서는 괜히 짜증이야!"라고 다그쳤다. 그리고 관심의 표현으로 "안 힘들지? 괜찮지?"라고 묻던 아빠는 나의 힘듦을 알아채지 못하고 늘 그렇게 내 곁을 스쳐 지나갔다. 그때마다 나는 이해받지 못한다는 생각에 서운했지만, 엄마 아빠가 서로의 문제로 힘들다는 걸 한참 어릴 적부터 알았기에 나를 알아 달라고 말할 순 없었다. 그런 일이 오랫동안 이어져 온 결과, 나는 감정을 숨기는 버릇이 들어 버렸다. 마음을 다쳤을 때 그걸 제대로 표현하지 못해 말과 표정이 삐죽대기 일쑤여서 연애를 할 때도, 일할 때도 힘이 들었다. 표정이 좋지 않아 사진 찍히는 것마저 극도로 싫어했던 나는 지금의 남편을 만나면서부터야 겨우 드러내 놓고 울고 웃는 연습을 시작했다.

나는 아이가 나와 달리 어릴 때부터 많이 웃고, 많이 울고, 화나고 짜증 나는 기분, 즐겁고 좋은 기분 모두 그때그때 충분히 느끼고 마음껏 표현하며 살아갈 수 있기를 바랐다. 어떤 아이라도 마찬가지겠지만, KT 때문에 내가 다 헤아리지 못하는 변화를 더 많이, 더 자주 겪을지 모르는 아이의 감정을 무시하거나 모르고 싶지 않았다. 때론 모른 체하는 것이 더 나은 순간이 있다는 것을 알지만, 어떤 순간에도 아이가 겪는 감정의 파고를 알고 함께 넘어가기를 바랐다. 일부러 아는 내색을 하지 않는 것과 전혀 알지 못한 채 아이 혼자 돌파하게 하는 것엔 큰 차이가 있다고 생각했다.

그래서 임신 중에도, 또 출산 후에도 내가 아이를 돌보며 가장 많이 신경 쓰는 부분이 '감정'과 관계되는 일인데, 요즘 아이를 보고 있으면 내 기대보다 훨씬 더 잘 자라고 있는 것 같아 기쁘다. 울 때도 "짜증 나" "싫어" "슬퍼" "아파"라며 자기가 왜 우는지 말로 표현하고, 오랜 외출 끝에 집에 들어오면 침대 위를 뒹굴며 "집에 와서 좋아"라고 말하는 아이를 보며 아이의 감정을 느낄 수 있어 좋다.

물론 이렇게까지 되는 데는 상당한 시간이 걸렸다. 그래도 자의 반 타의 반 24시간 밀착 돌봄 노동을 해온 우리는 아이의 감정 변화를 빨리 감지할 수 있었다. 의식적으로 노력한 부분이 있다면, 아이가 격한 감정을 느낄 만한 상황이 예상될 때는 미리 설명해 아이가 심리적 부담을 덜 가지게 하고, 아이가 실제로 그런 감정에 빠지게 될 때는 그것에 대해 너무 과하게, 혹은 부정적으로 반응하지 않는 것이었다. 이 전략은 생후 1, 2개월 때부터 아이를 데리고 큰 병원에 여러 차례 다녀야 했던 우리에게 꼭 필요한 것이기도 했다. 채혈을 해야 할 때, 레이저 시술을 해야 할 때, 다리 치수를 잴 때, 마사지를 할 때, 아이가 알아듣지 못하더라도 늘 이야기 해주려 했다. 그리고 아이가 끝내 울음을 터뜨리면 꼭 안아 주었다. "아팠지?" "힘들었지?" "짜증 났지?" 하며 상황에 맞을 법한 감정 상태를 짐작해 말로 다독였다. 그러면 신기하게도 아이는 오래 울지 않고 안정을 찾는 것만 같았다.

그런 시간이 차곡차곡 쌓이고 아이가 마침내 말할 수 있게 되자 한결 편해졌다. 아이가 놀다가 짜증을 부리면서 팔다리를 뻗어 휘저어 대면 감정적으로 대응하는 대신, 각 감정에 맞는 '이름'을 일러 줬다. 그러자 아이는 자신의 감정에 대해 직접 말하기 시작했다. 재미있게도, 이때 아이가 가장 먼저 내뱉기 시작한 말은 "마음이 왔다 갔다 해"였다. 유모차를 타겠다고 해놓고 금세 내려 걷겠다고 할 때, 혹은 놀이터를 가겠다고 해놓고 다른 방향으로 몸을 휙 돌려 걸어갈 때, 나는 아이에게 이렇게 말하곤 했다. "마음이 왔다 갔다 해? 엄마도 자주 그래." 그 말을 기억하고 있었던 모양인지 어느 날 갑자기 행동이나 말을 바꾸고 싶을 때 "엄마, 마음이 왔다 갔다 해"라고 말했다. 그리고 아빠가 7주간 집을 비웠던 어느 여름, 아이는 문득 "(아빠가 없어서) 슬퍼"라고 말하며 울상을 지었다. 그러더니 이제는 블록을 갖고 놀다가 뭔가 마음에 들지 않으면 마구 흩뜨리면서 "짜증 나!"라고 말하기도 하고, 뭔가 마음에 드는 모양이 나오면 "음, 이제 마음에 들어!"라며 좋아한다. 그리고 짜증 나고 슬프고 힘들 때는 엄마 아빠에게 안아 달라고, 업어 달라고 청해 스스로 기분을 달래려고 애쓴다.

그림책의 도움도 많이 받았다. 아기 때 자주 꺼내 보던 어느 그림책*에는 원하는 바지를 찾지 못해 화가 난 소 한 마리가 바닥에 벌러덩 누워 떼를 쓰는 장면이 나오는데, 아이는 이 장면을 볼 때마다 코 평수를 한껏 넓히고 온 바닥을 뒹굴어 대며 씩씩거렸다. 그리고 또 다른 그림책**을 보면서는 아이의 짜증을 불러일으키는 다양한 상황에 대해 이야기 나눌 수 있었다. 오늘따라 계란이 먹기 싫어서, 쿠키가 부서져서, 옆집 할머니가 동생만 챙기는 것 같아서, 치약에서 치약 향이 너무 강하게 나서 등등, 어른에겐 아무것도 아닌 일들이 아이에겐 쉽게 짜증과 분노를 불러올 수 있다는 내용의 책이었다. 책 마지막에 주인공의 엄마가 "누구에게나 그렇게 별일 아닌 일로 짜증 나는 날이 있다"고 속삭여 주는 장면을 보면서는 나도 아이에게 말해 주었다. "응, 엄마도 그럴 땐 화가 나"라고.

그래서 "착한 어린이는 울지도 않아요" 같은 가사에 아이를

---

* Chris Raschka, *Mooosey Moose*, Golden, 2000.

** 레베카 패터슨, 『화가 나서 그랬어!』*My Big Shouting Day*, 김경연 옮김, 현암주니어, 2016.

물들이고 싶지 않았다. 사람이라면 누구나 울 일, 울고 싶은 일을 겪게 마련이다. '착한 어린이'가 되기 위해 울지 않아야 한다면, 차라리 착한 어린이 되기를 포기하는 편이 낫다. 울고 싶을 때 마음껏 울지 못하면, 화가 날 때 그 화를 받아 줄 상대 하나 없이 혼자 속으로만 삭인다면, 마음에 깊은 병이 든다는 걸, 어릴 적 경험으로 알고 있었다. 바로 곁에서 잠든 엄마에게조차 드러낼 수 없어 이불 속에서 숨죽여 울다 극심한 두통에 시달리던 숱한 날들에 누구든 내게 다가와 "괜찮다"라고, "소리 내어 마음껏 울어도 된다"라고 말해 주었더라면, 감정을 숨기고 억지로 꾸역꾸역 산다는 느낌을 오래전에 떨쳐 버릴 수 있지 않았을까.

타고난 몸 때문에, 때때로 심하게 아플 몸 때문에 언제라도 깊은 슬픔과 외로움, 분노와 고통을 겪게 될 아이이기에, 나는 아이가 자신의 감정을 잘 알고 그에 따라 적절히 대처할 수 있게 되기를 간절히 바란다. 다리 생김 때문에 친구들에게 놀림과 따돌림을 당할 때, 다리 때문에 하고 싶은 활동을 마음대로 할 수 없을 때, 다리 때문에 극심한 통증에 힘겨울 때, 다리 때문에 사람을 잃고 사랑을 잃게 될 때. 그럴 때 아이가 마음껏 울고 실컷 화내며 자기 마음을 잘 다독일 수 있게 되기를 바란다. 그래서 나는 오늘도 아이에게 말을 건넨다. "괜찮아, 울어도 돼. 아이도 어른도, 누구든 울고 싶을 때가 있는 거야"라고.

'배꼽 인사'만 인사인가요?

다른 가정과 교류하다 보면 굉장히 두드러져 보이는 지점이 하나 있다. 아이에게 인사를 시키는 부모의 모습이다. 가까이 사는 한 아이는 만 두 살이 되기 전부터 우리 부부를 만나면 일명 '배꼽 인사'를 했다. 그 모습이 귀엽고 기특해 보이는 건 사실이지만, 두 살도 안 된 아이가 그렇게까지 하자면 양육자로부터 "안녕하세요, 해야지"란 말을 얼마나 많이 들었을까? 물론 이런 모습이 한국인 가정에만 보이는 건 아니다. 아시안 가정이나 미국인 가정이나 "하이, 하고 인사할래?"Can you say 'Hi'?라며 아이에게 인사를 시키는 경우를 종종 볼 수 있다. 한국인 가정의 경우 조금 특이한 점이라면 이 인사가 꼭 '배꼽 인사'여야 한다는 것이다.

대세는 이러하지만, 언제 어디서나 소수자인 나는 아이에게 인사를 그리 열심히 시키지 않는다. 다른 부모가 아이에게 시켜 나에게 배꼽 인사를 하게 하는 것이 나는 어쩐지 부담스럽다. 어른들의 세계에서야 누군가를 만났을 때 반가움을 표하고 안부를 묻기 위해 가장 손쉽게 할 수 있는 것이 인사이지만, 아이들 세계에서는 그건 부차적인 문제다. 아이들은 친구를 만날 때, 친구의 엄마 아빠를 마주쳤을 때, 몸짓과 표정으로 반가움을 표하는 게 오히려 더 자연스럽다.

하굣길에 아이와 함께 들른 어느 공원 놀이터에서 이 생각을 직접 확인해 볼 기회가 있었다. 며칠간 같은 놀이터에서 우리를 본 적 있는 몇몇 아이들이 '어, 또 왔네?' '어, 저 사람 내가 아는 사람이다!' 하는 눈빛을 건네며 슬며시 다가왔다. 아이들은 굳이 서로 '정식' 인사를 할 필요가 없었다. 그저 눈웃음 한번 주고받으며 인사하고는 곧장 "끼야~" 하고 소리 지르며 내달리면 그만이었다. 내게도 마찬가지였다. 아이들은 굳이 정식 인사를 하지 않고도 그저 다가와서 이내 스스럼없이 자기 이야기를 꺼내거나 궁금한 걸 물어보았다. 그러다 문득 내가 "넌 이름이 뭐야?"라든가 "몇 살이야?" "옆에 있는 애는 네 동생이야?" 같은 질문을 던지면 깔깔 웃으며 잘도 답해 주었다.

그런 상황을 몇 번 겪고 나자, 어른들이 아이들에게 인사하라고 요구하는 장면을 보는 게 더 부담스럽고 불편해졌다. 특히 그런 상황에서는 내가 아이를 자연스레 대하는 것에도 제약이 생긴다. 자기 아이를 그렇게 교육하는 부모일수록 다른 아이에게서 같은 정도의 인사를 기대할 것이란 생각 때문에 나도 평소와 달리 아이에게 인사를 시키게 되기 때문이다. 그러고 보니 부모들이 아이에게 인사 교육을 열심히 하는 건 어쩌면 남들에게 내 아이가 어떻게 보이는가에 더 신경 쓰기 때문인지도 모른다는 생각이 들었다. 아이가 예의 바른 사람으로 크길 바라는 마음이야 문제 될 게 전혀 없지만, 그렇다면 아이에게 "인사해야지"라는 말로 인사를 시키기보단 그냥 부모가 인사 잘 하는 사람, 예의 바른 사람이 되면 되는 것 아닐까. 어린아이일수록 양육자의 언행을 보고 따라 하는 경우가 많으니까 말이다. "안녕하세요, 해야지"나 "고맙습니다, 해야지"라고 시켜서 나오는 인사는 그 인사를 하는 아이에게도, 그걸 보는 나 같은 사람에게도 불편하고 어색하다. 차라리 어른들이 아이들에게 "안녕" "잘 있었어?" "맛있는 것 나눠줘서 고마워" "잘 가. 다음에 또 봐" 같은 인사를 먼저 건네면 좋은 본보기로 기능하지 않을까?

이런 생각을 최근 읽은 책에서도 내 마음처럼 짚어 주었다.

> 아이가 어떻게 행동해야 하는지를 가르치되, 실제로 그 행동 양식을 적용하는 것은 아이의 자율에 맡겨야 한다. (……) 조용히 하는 것, 인사를 하는 것 등과 관련해 배운 내용이 언제 어떻게 적용되어야 하는가를 결정하는 것은 결국 아이의 몫이다. 배운 것을 어떻게 활용할 것인가는 아이 스스로의 의식에 따라 아이

스스로의 책임 하에 이루어져야 한다는 뜻이다.

——마리아 몬테소리, 『아동의 발견』*

자주 보는 사람에게도 '안녕하세요'나 '하이'hi보다는 그냥 웃음으로, 손짓으로 인사를 때우던 아이가 최근 들어 인사에 관심을 보이기 시작했다. 밖에 나가 산책을 하거나 놀 때 누군가가 반대편에서 걸어오면 "엄마, 나 저 사람한테 '굿모닝' 할래"라고 말하고는 실제로 누가 지나쳐 가면 스스로 인사를 한다. 그렇게 했을 때 상대방이 인사를 잘 받아 주면 좋아하고, 타이밍을 놓쳐 인사를 못 건네고 지나치면 "에이, 굿모닝 안(못) 했어"라면서 실망하는 빛을 보인다. 공공장소에서 조용히 말하는 것에 대해서도 마찬가지다. 매번 그러지는 않지만, 어떤 경우엔 스스로 목소리를 낮추면서 "여기는 작은 소리로 말하는 거야"라고 말하기도 한다. 아마 이런 변화 역시 그간 아이가 조금씩 쌓아 온 지식과 경험을 자율적으로 적용하게 되면서 나타난 것이리라.

인사하는 즐거움, 타인과 인사로 소통하는 즐거움, 그리고 시간과 장소에 따른 행동 양식을 스스로 깨달아 가는 걸 보는 일은 엄마로서는 뿌듯하고, 어른으로서는 참 신기한 일이다. 하지

* Maria Montessori, *The Discovery of the Child*, Ballantine Books, 1986.

만 이 뿌듯함을 빌미로 아이에게 인사를 강요하고 싶지는 않다. 언제나 그랬듯, 이런 변화에도 분명 정체 혹은 퇴보가 나타날 것이고, 그러다가도 어느새 아이 스스로 한 발 더 나아가는 때가 돌아올 것이다. 아이의 변화를 보며 나도 열심히 인사해야겠다는 생각을 했다. 어른들 말고, 아이들에게 말이다. 배꼽 인사만 인사인 것이 아니고, 꼭 아이가 어른에게 먼저 인사해야 하는 것도 아니니까.

즐거운 인생

아이들에게 신선한 공기와 영양가 있는 음식을 공급하고 있으
니 아이들에게 필요한 것을 다 주고 있다고 생각한다면 그건 착
각이다. (······) 아이에게는 영혼과 정신의 기쁨, 즐거움 또한
필요하다.
　　——마리아 몬테소리, 『자발적 활동』*

신생아 시절부터, 아이를 데리고 밖에 나가면 제일 많이 듣는 말

---

* Maria Montessori, *Spontaneous Activity in Education*, Schocken, 1965.

이 "해피 보이!"Happy Boy였다. 병원에서 대기하는 시간에도, 간호사, 의사, 재활 치료사를 마주하는 시간에도 아이는 늘 고개를 이리저리 돌려 가며 또렷한 눈으로 주변을 관찰하고는 방긋 웃었다. 걷기 시작하면서부터는 밖에 나가, 보고 듣고 만져 보면서 주변 세계에 대한 호기심을 키워 갔다. 눈에 잘 보이지도 않는 개미며 무당벌레를 한참씩 들여다보며 즐거워하고, 사람들이 있건 말건 큰 목소리로 콧노래를 부르며 산책했다. KT에 대해 알면 알수록 불안한 마음만 커지던 나와 달리, 아이는 언제나 어디서나 즐거워 보였다. 매일 별일 아닌 일에도 까르르거리며 참 많이 웃고, 노래하고, 춤추는 아이를 보면 정말로 하루하루를 충분히 즐기고 있구나 싶어 부러운 마음마저 든다. 아, 나도 너처럼 날마다 그렇게 즐길 수 있다면 얼마나 좋을까.

물론 이 세상 부러울 것 없는 '해피 보이'라고 기분이 항상 좋기만 한 건 아니다. 마구 흥분하며 짜증을 내거나 소매로 눈물을 연신 훔쳐 가며 울 때도 있다. 하지만 훌쩍 큰 아이는 이제 "엄마, 눈물이 뚝뚝 떨어져"라고 하면서 울고, 실컷 울고 난 뒤 눈물 콧물 닦아 낼 휴지를 찾아 얼굴을 아무렇게나 쓱쓱 닦은 다음 "이제 좀 괜찮아졌어!"라며 이내 헤헤 웃는 일상으로 돌아간다. 그래서 우리 부부는 아이가 울 때면 서로 눈짓을 주고받으며 이렇게 얘기하곤 한다. "오늘 울 일이 부족하나 본데?" "그렇지 뭐, 오늘 내내 울 일 없었어." 이렇게 보아 넘길 수 있을 만큼 금방 스스로 진정하고 다시 평정심을 찾는다는 뜻이다. 오랜 바깥나들이 후에 집에 들어오면 침대 위에 풀썩 몸을 맡기며 "집에 와서 좋아!" 하고, 맥락 없이 엄마 아빠를 와락 껴안으며 "엄마 (아빠) 진~짜 좋아!"라고 고백하는 아이. "아우 더운데 왜 이래~!"라고 타박하는 나에게 "엄마가 좋아서 그러는 거야. 엄마 귀여워"라며 깔깔대는 아이. 서러워 엉엉 울어대며 엄마 아빠에게 기대어 왔다가도 금방 다시 웃으며 우리 품을 떠나는 아이.

몬테소리가 말하는 '영혼의 기쁨'이라는 것이 바로 이런 것 아닐까. '생동하는 삶'을 살아갈 수 있게 하는 원천은 자기 삶에 대한 긍정성, 거기서 비롯되는 즐거움과 환희다. 아무리 어린아이라도 산다는 것이 늘 즐겁고 좋기만 한 것은 아닐 테지만, 짜증 나고 슬프다가도 금방 자신을 달래고 다시 즐거움을 찾는 그 회복력은 자기 삶에 대한 긍정성에서 나오게 마련이고, 이 긍정성은 자신의 삶에 안정감을 느낄 때 생길 수 있다.

몬테소리는 아이들이 자기 주변의 사물을 직접 조작하고 통제하려 드는 이유가 아이들이 바로 이 '삶의 안정감'을 원하기 때문이라고 해석했다. 안정감은 아이들이 어떤 일을 스스로, 자율적으로 해보고 그 성취와 실패의 경험을 쌓아 갈 때 만들어진다. 그렇기 때문에 그는 어린아이들이 신체 활동이나 학습을 할 때 최대한의 자유를 보장해 주어야 한다고 생각했다. 그래서 몬테소리 교육에서는 아이들의 신체 조건에 맞춘, 아이들이 충분히 자율적으로 움직일 수 있는 환경을 구성하는 데 큰 노력을 들이게 되어 있다. 아이들이 직접 들어 옮길 수 있는 책상과 의자,

아이 손에 닿는 선반과 교구장, 그리고 구체적으로 계획된 커리큘럼을 갖춰 놓고 아이들이 자율적인 분위기 속에서 자신이 원하는 활동을 하며 학습하고 성장할 수 있게 하는 것이 몬테소리 교육의 기본이다. 여기에는 손 씻기, 옷 입고 벗기, 청소하기와 같은 생활 습관 교육에서부터 새로운 것을 학습하고 연습하기에 이르는 다양한 활동이 포함되는데, 가장 중요한 것은 아이가 자신의 필요와 욕구에 따라 활동을 시작하고, 지속하거나 중단하고, 다음 단계로 넘어간다는 원리에 있다.

임신 중 우연히 도서관에서 발견한 몬테소리의 저작이 마음에 들어 그 후로 몬테소리의 책 몇 권을 연이어 읽었다. 그렇게 더 찾아 읽어 보니 역시 내 첫인상이 제대로 들어맞았다는 생각이 들었다. 몬테소리 교육에서 교사는 관찰자, 역할 모델, 보조자로서 기능하는데, 우리의 평소 양육법이 여기에 가깝다. 무엇이든 아이가 원할 때, 아이가 원하는 만큼 할 수 있게 해주기. 위험한 상황만 아니면 아이가 원하는 대로 하게 놓아두면서 지켜보기. 아이의 감정을 충분히 공감하며 스스로 마음을 정리하도록 기다리기. 작은 일이라도 아이가 직접 결정할 수 있도록 선택권을 주고, 설명이 필요한 일에 대해서는 반복적으로 설명하기. 굳이 도움이 필요하지 않은데 어른의 관점에서 효율적이라는 이유로 아이 대신 어떤 일을 해주지 않기. 아이가 무언가를 할 때 시간이 걸리더라도 충분히 기다리기. 시간이 걸릴 것이 예상되면 그것을 고려해 미리 일을 계획하고 실행하기. 이 모든 것들이 몬테소리의 생각과 맞닿아 있다.

아이가 완치될 수 없는 병을 가지고 태어났지만, 그것 때문에 아이가 불안하지 않아야 한다고 생각했다. 그 생각은 아이와 함께하는 일상 속에서 매우 구체적으로 전개되었다. 그러다 보니 아이는 어느새 '인생의 즐거움'을 아는 아이로 자라고 있었다. 혼자 걸음마를 떼었을 때, 혼자 계단을 오르내리게 되었을 때, 기저귀를 떼고 팬티를 입게 되었을 때 그 기쁨을 온 얼굴로 몸짓으로 보여 주던 아이를 기억한다. '반찬 통 뚜껑 여닫기'를 수십 번씩, 끙끙거리며 반복하던 열성, 퍼즐을 하루에도 몇 번씩 맞추고 또 맞추며 눈과 손에 익혀 가던 모습, 새로운 장소에 가면 온 사방을 둘러보며 열심히 눈 맞추고 손짓하던 활기찬 몸짓. 그 활동들을 통해 얻은 재미와 성취의 경험들이 조금씩 모여 지금의 아이를 만들었을 것이다.

만 세 살 반. 무엇이든 혼자 해보겠다고 나서고, 많은 연습을 거쳐 결국 혼자 해내며, 스스로 새로운 자극을 찾고, 어려운 일에 부딪혀 실패하더라도 신경질은 잠시만 부리고 솔직하게 도와 달라고 말하는 아이가 된 지금, 아이가 아기였을 적부터 함께 거쳐 온 여러 과정이 더욱 소중하게 다가온다. 지레 포기하지 않기, 도움이 필요할 때 도움 청하기, 감정을 솔직히 표현하되 행동으로 과하게 표출하지는 않기……. 이런 일들은 특히 평생 지니고 살아야 할 아픔을 갖고 태어난 아이에게 더더욱 필요한 일이었는데, 정말 다행하고 감사한 일이다.

엄마로서, 또 비관론자에 좀 더 가까운 인생을 살아온 사람으로서 조심스레 빌어 본다. 부디 다른 사람들보다 좀 더 아프고 좀 더 힘들어도 '살 만하다' 싶은 인생, '즐거운 인생'을 만들어 갈 수 있기를. 그래서 주변의 다른 사람들에게도, 엄마 같은 비관론자에게도 그 생기, 그 기쁨 나누며 살 수 있게 되기를.

이유 없는 행동은 없다

우리는 이것을 무분별한 좌절감의 표현으로 보고 아이들이 '떼를 쓴다'라고 말하지만, 사실 그것은 아이의 내적 갈등 또는 채워지지 못한 욕구가 겉으로 표현되면서 긴장 상태를 조성하고 있는 것으로 보아야 한다. 아이들의 떼는 아이들이 문제를 제기하거나 자신을 스스로 보호하기 위해 쓰는 수단이다.

___마리아 몬테소리, 『어린이의 비밀』*

* Maria Montessori, *The Secret of Childhood*, Ballantine Books, 1982. [국역본으로 다음 책이 있다. 『어린이의 비밀』, 구경선 옮김, 지만지, 2011.]

몬테소리 교육에서 교사가 맡는 가장 중요한 역할이 '관찰자'이니만큼, 몬테소리는 여러 책에서 특히 무엇을 어떻게 관찰하고 해석할 것인가를 자주 얘기한다. 한발 떨어져서 아이의 언행을 관찰해 보면, 아이에게 이유 없는 행동이나 울음이 없음을 알게 된다. 이건 우리 부부가 자주 하는 얘기이기도 한데, 아이가 별 것 아닌 일에 유독 민감하게 반응한다 싶을 때 가만히 보면 거기엔 그럴 만한 이유가 항상 있었다. 예를 들어 매일 하는 규칙적인 일의 순서가 우리의 편의 때문에, 혹은 무심결에 살짝이라도 바뀌면 아이는 대번에 그 변화를 알아채고 원래 하던 방식을 고집한다. 이때 충돌이 일어나면 아이는 심한 '떼'를 부리며 온 집 안이 떠나가라 울어댄다. 이것이 유아기에 나타나는 '질서'order 에 대한 고집 때문이라는 것을 책을 읽으며 알았다. 그러니까 아이도 자기 나름의 방식으로 세계를 이해하고 정리하며, 그것에 맞게, 또 때로는 자기 힘으로 변주해 가며 살아가는 것이다. 그런데 그 이해와 질서가 어른의 개입으로 어떤 형태로든 깨지게 되면 '떼'라는 과격한 행동 방식으로 표현하게 된다.

특히 아이가 "나 이제 많이 컸다. 그러니까 혼자 할 거다!"라고 주장하는 시기에 접어들면서 이런 양상이 심해졌다. 어릴 때는 잘하지 못했는데 지금은 잘한다는 둥, 밥을 많이 먹고 쑥쑥 커서 자전거를 혼자 타겠다는 둥 하는 얘기로 하루를 채우고, 아침에 눈 떠서부터 밤에 잠들 때까지 모든 집안 대소사를 일일이 다 간섭하고, 그중 어떤 일은 제 손으로 해야 직성이 풀리는 시기가 도래한 것이다. 그러다 보니 엄마 아빠가 무심결에 어떤 일을 대신하거나 평소 말한 것과 상반되는 행동을 하면 큰일이라도 난 것처럼 호통을 친다. 아이 외출복을 내가 골랐다가 혼쭐이 나기도 하고, 다 본 신문을 재활용 쓰레기통에 휙 던져 넣다가 "엄마! 그건 던지면 안 되지!" 날아드는 꾸지람에 깨갱 하기도 한다. 허리춤에 손을 올리고 "다음부터는 그러면 안 돼!"라고 한 뒤 굳이 내게서 다짐을 받아 내는 아이를 보면 웃어야 할지 울어야 할지 난감하다.

제아무리 '다 큰 어린이'라지만, 실제로 할 수 있는 일과 하고 싶은 일 사이에는 틈새가 있게 마련. 그러나 아이는 그런 것 따위 아랑곳하지 않고 무엇이든 혼자 하겠다고 나선다. 바쁜 일상에서 아이를 매번 인내심 있게 기다리기가 쉬운 일은 아니지만, 그렇게 하루 이틀 기다리다 보니 어느새 아이 스스로 많은 일을 해내는 모습을 볼 수 있게 됐다. 자전거를 탈 때 쓰는 헬멧과 안전장치의 버클을 채워 보겠다고 끙끙거리던 여름날을 지나고 나니, "이거 내가 혼자 할 수 있어. 근데 좀 오래 걸릴 거야. 엄마 오래오래 기다릴 수 있어?"라며 나의 인내심부터 구한 뒤 딸깍 소리를 내며 버클을 채우는 경지에 이르렀다. 이렇게 예쁘게 얘기하는 때가 있는가 하면, 반대로 온 동네가 떠나가라 울어 댈 때도 있다. 집 현관문을 여닫아야 할 때, 버스에 오르고 내릴 때 등 위험 요소가 있어 아이 혼자 하도록 놓아둘 수 없는 때가 그 예다. 아무래도 아이로선 엄마 아빠가 자기를 못 믿는다, 아기 취급한다, 이런 느낌이 드니 싫은 모양이다.

하지만 뭐니 뭐니 해도 아이의 떼가 가장 폭발하는 때는 '잠' 과 '놀이'를 제 맘대로 하지 못할 때다. 눈에서는 졸음이 뚝뚝 떨어지는데도 졸리지 않다고, 낮잠을 자지 않겠다고 우기거나, 엄마 아빠가 집안일을 해야 해서 원하는 놀이를 함께하지 못하면 왜 빨리 오지 않느냐고 성화를 부리는 때가 그 예다. 어린이집에 가지 않는 금, 토, 일 사흘은 특히 낮잠 때문에 진을 빼는 일이 자주 벌어지는데, 졸려 보여서 "잘 거야?"라고 물으면 "아니이" 라면서 울고, "그럼 나가서 놀든가" 하면 또 "아니이"라며 울어 댄다. 친구 집에 갔다가 돌아오는 차 안에서 저도 모르게 잠이 들었다가 주차장에 도착해서는 정신이 번쩍 든다는 듯 "왜 집에 왔어? 안 온다고 했잖아!"라며 엉엉 운다. 세상에서 밖에 나가 노는 것만큼 중요한 게 없는 아이여서, 놀고 싶은데 놀 수 없으면 있는 힘껏 그 내적 갈등을 바깥으로 표현하게 되는 모양이다.

몬테소리는 같은 책에서 이렇게 썼다.

어른들에게 아이들의 세계는 이해할 수 없는 수수께끼와 같다. 어른들이 이 수수께끼를 잘 이해할 수 없는 이유는 겉으로 드러나는 '떼'만 보고 그 내면의 정신적 에너지를 보지 않은 채 판단해 버리기 때문이다. 하지만 아이의 행동에는 언제나 그럴 만한 이유가 있다는 걸 이해해야 한다. 어린아이라고 해서 아무런 이유나 동기 없이 어떤 행동을 하지는 않는다. 아이들의 행동이 변덕스럽다고 말하기 쉽지만, 사실 그 변덕은 변덕 이상이다. 아이들의 변덕스러운 행동은 풀어야 할 문제, 답해야 할 수수께끼다.[*]

우리가 풀어야 할 수수께끼. 그러니까 아이가 어떤 일에 감정적으로 반응하고 떼 쓸 때, 같이 소리치며 야단치기보다는 그 이유를 알아채려 애쓸 필요가 있다. 이유를 파악하고, 아이가 느끼는 감정을 공감하고, 그런데도 갈등이 필연적인 일일 때는 반복해서 설명하고 이해를 구하는 과정이 있어야 한다.

　물론 이 마지막 부분이 가장 시간이 오래 걸리는 일이라 힘이 들 수밖에 없다. 하지만 이렇게 꼭 3년 해보니, 효과가 제대로 나타나고 있다. 어떤 일을 하기 전에 먼저 엄마 아빠의 이해를 구하고, (가끔 있는 일이지만) 엄마 아빠를 위해 자신의 욕구를 양보할 줄도 알고, 화나거나 짜증 나는 이유를 스스로 알고, 엄마 아빠의 도움이 필요할 때는 도움을 요청하는 등, 거창하게 말하자면 '문제 해결 능력'이 생겨나고 있는 것 같다. 아이들에게 이유 없는 행동이 없고, 아이들의 '떼'는 문제 제기를 위한 표현 수단이라는 몬테소리의 말을 다시 한번 상기하는 요즘이다.

[*] 위의 책.

세상에 안 아픈 주사란 없다

어릴 적 꽤 허약한 편이었던 나는 유아기 시절 병원을 전전하는 날이 많았다. 동네 병원 단골손님이었던 것은 물론이고, 용하다는 한의원을 찾아 멀리까지 가본 적도, 종합병원에 입원한 적도 있다. 주사나 링거를 맞아야 하면, 엄마 아빠는 가느다란 주삿바늘을 보고 겁에 질린 내게 이렇게 말하곤 했다. "주사 안 아플 거야. 안 아프게 놔 달라고 엄마 아빠가 얘기해 놨어."

당연하게도 주사는 아팠다. 하지만 아프다고 말할 수 없었다. 엄마 아빠가 안 아플 거라고 했는데 거기다 실은 아프다고, 그것도 무지하게 아프다고 하면 안 될 것 같았다. 속은 것 같은 기분도 들었다. 그런 복잡한 감정을 안고 알코올 솜으로 주사 맞은 부위를 한참이나 문질러야 했던 기억. 그 때문에 한동안 병원을 끔찍이 싫어하게 됐다. 병원이란 공간을 상상하면 늘 솜에 묻은 알코올 냄새, 그리고 솜에 선명히 남은 한두 방울 핏자국을 떠올렸다. 한참 시간이 흘러 성인이 된 뒤에도, 주사를 맞아야 하면 나는 지레 몸을 움찔했다. 그런 나를 보고 간호사들은 아주 정직하게 "따끔할 거예요"라거나 "이거 많이 아파요"라고 말해 주었고, 당연하게도 주사는 늘 아팠다. 어릴 적 내게 주사가 아프지 않을 거라고 일러 주었던 엄마 아빠의 의도를 모르지 않지만, 세상에 아프지 않은 주사란 없는 법이다.

함께 병원을 오가면서 나는 아이에게 우리가 왜 병원엘 가야 하고 무엇을 하게 되는지를 얘기해 주었다. 아이를 안심시키기 위해 아프지 않을 거라고, 별일 아니라고 둘러대기보다는 너무 갑작스럽지 않도록 아이 스스로 마음을 준비하게 하는 것이 좋겠다고 생각했다. 2016년 12월, 어렵게 결정한 발등 수술을 앞두고서도 같은 생각을 했다. 그래서 어느 날, 잠자기 전 책 읽는 시간에 아이에게 수술 이야기를 꺼냈다. 아이는 아직 '수술'이 무엇인지 모르는지라 그것이 무엇이고 왜 필요한지부터 설명해야 했다. 이 이야기를 시작하는 데는 나의 제왕 절개 수술 경험이 큰 도움이 됐다.

"이거 봐, 엄마 몸에 선이 그어져 있지? 이게 수술 자국이야. 너는 아기 때 엄마 배 속에 들어 있었잖아. 너를 꺼내기 위해서 엄마가 수술을 받았어. 이런 걸 네 오른쪽 발, KT 발에 하게 될 거야."

"왜?"

"음……. KT 쪽 발은 크잖아."

"그래서 내 발에서도 뭘 꺼내는 거야?"

신기하게도 아이는 단번에 이해했다. 실제로 이 수술은 아이의 발등에 과다하게 생성된 지방 조직을 잘라 내는 수술이어서, 말 그대로 뭘 '꺼내는' 수술이라고 보아도 된다. 그런 아이의 반응이 너무 신기하고 놀라워서, 그날은 일단 거기까지만 이야기했다. 그리고 그다음 날, 그다음 주에 이어서 조금씩, 천천히 수술 전 과정에 관해 얘기해 주었다. 수술하면 자국이 남고 처음엔 좀 아플 수 있다고 얘기하니 아이는 겁이 나는지 많이 아프냐고, 피도 나냐고 물었고, 나는 솔직히 '그렇다'라고 대답해 주었다.

"처음엔 많이 아플 수도 있어. 피도 날 수 있고. 근데 우리 원래 KT 발 아프면 약 먹고 그러잖아. 그것처럼, 수술하고 나서 아프면 약 먹으면 돼."

시간이 지나면서 아이는 조금씩 마음의 준비를 하는 것 같았다. 수술을 집도하는 의사의 이름도 알고, 언제 병원에 가는지도 알고, 그 전날 밤부터 음식을 먹을 수 없다는 것도 이해하고, 수술실엔 엄마 아빠가 함께 들어갈 수 없다는 것도 납득했다. 그래서 수술을 며칠 앞둔 어느 날, 아이는 엄마 아빠 대신 데리고 들어갈 친구 인형을 하나 골랐다. 아이는 수술 당일, 정말로 그 모든 과정을 차분히 받아들였다. 수술 전 대기실에 머무는 동안 의료진 역시 그때그때 아이에게 설명해 주면서 모든 일을 진행했다. 그리고 마취할 때 쓰는 마스크를 직접 만져 보고 써보고 장식하면서 긴장을 풀게 했다.

그 모든 과정을 마치고 수술실에 들어가는 시간이 되자, 아이는 말했다. "엄마 아빠, 이제 가도 돼. 이따 봐." 그렇게 아이는 며칠 전 함께 고른, 집에서 데려온 토끼 인형을 한 손에 들고 간호사 품에 안겨 수술실에 들어갔다. 눈물 한 방울, 큰소리 한 번 내지 않고서. 그렇게 아이를 들여보내고 초조한 마음으로 보호자 대기실로 자리를 옮기는데, 간호사가 따라 들어와 이야기해 주었다. 아이가 수술실에 들어가서도 편안하게 누워 의료진과 수다를 떨다 마스크를 쓰고 마취에 들어갔다고. 그 말을 듣는 순간 '이제 수술만 잘 되면 되겠다'라고 안도했다.

세 시간 뒤, 아이는 마취에서 깨어나는 몽롱한 순간에도 울거나 힘들어하지 않고 우리 손을 잡았다. 그리고 회복실로 옮겨져 쉬는 동안, 금세 수술 전의 개구쟁이로 돌아와 별 탈 없이 간식을 먹고, 놀고, 잠잤다.

수술은 제법 성공적이었다. 제거 가능한 지방 조직 대부분을 제거해 발등의 부피가 제법 줄었다. 기대했던 효과 중에 어떤 것은 성과를 거두지 못하기도 했는데, 막상 열어 보니 뼈와 근육 자체가 과다 성장한 부분이 많아 지방 조직 제거로는 해결할 수 없는 부분이 많았다고 한다. 어차피 '완치법'이 없다는 걸, 그래서 어떤 방법으로든 왼쪽과 같은 발을 갖지는 못한다는 걸 알고 있기에 그리 실망스럽진 않았다. 이렇게 조금이라도 아이의 짐을 덜어 줄 수 있다면, 그걸로 됐다. 다만 하루에 한 번, 붕대를 풀어 연고를 바르고 다시 새 붕대를 감을 때마다 깊은 상처가 적나라하게 드러나 마음이 아프다. 아무리 마음의 준비를 했어도, 세상에 안 아픈 주사는 없는 법. 피 묻은 붕대를 젖혀 아이 발에 남은 상처를 볼 때마다, 그 상처에 연고를 바를 때마다, 우리 부부의 마음에도 생채기가 난다. 오늘 낮 남편이 일하다 말고 끄적였다는 짧은 시 속에, 그런 마음이 오롯이 담겨 있다.

연고를 바른다

너의 수술은 그리 오래 걸리지 않았다

기역 자 모양으로 발등의 피부를 찢어 고정한 후
발 안에서 불필요한 지방을 잘라 내었고,
펼쳐 놓았던 피부로 다시 발등을 덮은 후
칼을 대었던 자리를 실로 꿰맸다

나는 오늘도 그 선을 따라
연고를 바른다

아이와 함께 태어난 KT. 때로는 그 이름을 붙들고 싸우고 원망하며 눈물 흘리기도 하지만, 대개 보듬고 어루만지며, 그렇게 우리는 공존한다. 우리와 평생 함께 살아야 하는 운명인 이상, 순간순간 최선의 방법을 조금씩 찾아가는 수밖에 없다. 뛰어놀기 좋아하는 아이가 조금 더 가뿐하고 날렵하게 몸을 움직일 수 있다면 좋겠다는 바람, 그래서 십수 년 뒤 우리 품을 떠날 때 조금 더 편안한 마음으로 아이를 세상 속으로 내보낼 수 있었으면 좋겠다는 바람. 이 두 가지 바람을 안고 어렵고 복잡한 마음으로 아이를 수술실로 들여보냈고, 아이는 몇 그램쯤 가벼워진 몸으로 다시 우리 품으로, 세상 속으로 들어왔다.

이제 다시, 시작이다.

클리펠-트레노네이 증후군에 관하여

클리펠-트레노네이 증후군Klippel-Trenaunay Syndrome은 복합적 혈관 이상의 일종으로, 팔, 다리 중 한쪽 혹은 양쪽의 모세혈관·림프계·정맥계에 문제가 나타나는 질환이다. 배아기에 특정 유전자의 변이가 생기며 나타나는 것으로 알려져 있으며, 모체의 환경과는 관계 없는 비유전성 질환이다. 영향을 받은 부위에는 모세혈관 이상으로 인한 포도주 빛 얼룩(화염상모반)이 나타나고, 림프계의 이상 형성으로 인해 팔이나 다리 부피에 차이가 나거나, 통증과 감염 증상이 생기기도 한다. 해당 부위의 뼈가 과다 성장해 양쪽 팔다리 길이가 두드러지게 차이 나는 경우도 흔하다. 또 출생 즈음 사라졌어야 할 배아기 정맥이 남아 정맥혈의 흐름에 이상이 생기면서 정맥이 피부 표면으로 돌출하는 현상이 생기기도 한다.

이 세 가지 양상(모세혈관·림프계·정맥계 이상) 중 두 가지 이상이 겹쳐 나타날 때 KT 증후군으로 진단 내려지는데, 보통 출생 당시에 육안으로 진단할 수 있지만, 출생 후 서서히 증상이 나타나는 경우도 없지 않다. 대개 팔다리 중 한쪽에만 나타나지만, 양쪽 팔다리 혹은 몸 전체가 영향을 받는 경우도 있다. 인구 10만 명당 한 명꼴로 나타나는 것으로 알려져 있으며, 생명에 위협이 되는 경우는 매우 드물지만, 잦은 혈전 생성, 통증, 팔다리 부피 및 길이 차이 등으로 인해 일상생활에 어려움을 겪을 수 있다. 완치법은 없으나, 증상 범위와 정도에 따라 약물치료, 외과적 시술, 압박 요법 등을 이용한 보존적 치료가 가능하고, 많은 경우 보존적 치료를 통해 일상생활의 어려움을 줄일 수 있다. 그러나 장기와 연결된 혈관에 문제가 생긴 경우에는 해당 장기의 손상이나 기능 저하를 초래할 수 있고, 잦은 혈전 생성으로 인해 합병증이 생길 수도 있다. 또한 뼈의 과다 성장으로 양다리 길이 차이가 심하게 나고 그로 인해 보행 장애가 생기면, 휠체어에 의지해 생활하거나 절단술을 시행한 후 의족을 장착하는 경우도 있다.

2/ 각자의 하루를 살아갈 뿐

조금 다른 시작

우리 부부에겐 여러 기념일이 있다. 모두 결혼식을 하지 않았기 때문에 생긴 것들인데, 하나는 혼인신고 한 날, 하나는 양가 식구들 앞에서 결혼 서약을 한 날, 나머지 하나는 실제로 함께 살기 시작한 날이다. 이 중 우리가 '결혼기념일'로 삼고 있는 것은 바로 두 번째, 양가 식구들 앞에서 결혼 서약을 한 날이다.

석사과정 시작할 때 만나 3년 반 넘게 연애 중이던 우리는 내가 미국 대학 박사과정 진학에 실패하면서 갈림길에 서게 됐다. 입학 허가를 받은 남자 친구와 결혼해 미국에 함께 간 뒤 다음 진로를 계획할 것인가, 아니면 결혼하되 당분간 한국에 혼자 남아 일할 것인가, 그도 아니면 헤어져 각자의 길을 갈 것인가. 선택의 갈림길에서 꽤 번민했지만, 빠르고 결단력 있게 첫 번째 길을 택했다. 결정을 내린 직후 양가에 우리의 선택을 알리고, 혼인신고부터 했다. 그리고는 5월 어느 날, 대학로 한 카페에 나란히 앉아 식구들에게 전할 초대장을 썼다. 우리의 결혼식을 대신할, 상견례 겸 결혼 서약 자리에 부모 형제를 초대하는 글이었다. 우리를 누구보다 더 잘 아는, 우리의 삶을 누구보다 더 아낌없이 응원해 줄 어머니, 아버지, 형제들과 모여 따뜻한 밥 한 끼 먹고 싶다는 내용이었다.

십 대, 이십 대 내내 힘들게 살아온 우리였다. 남편은 가난한 시골 농사꾼의 막내아들, 나는 가난한 자영업자의 맏딸이었다. 남들은 "우리도 다 빚내서 학교 다녔다"라고 입을 모아 말하지만, 그도 나도 집안 사정상 그 흔한 빚도 낼 수 없는 처지였다. 장학금을 받지 않고서는 대학엘 다닐 수 없는 형편이었고, 장학금을 받아도 내내 용돈 이상의 돈을 벌기 위해 뛰어다녀야 했다. 그런 형편에도 고집스럽게 대학원까지 마쳤지만, 둘 다, 앞으로 먹고사는 데 크게 도움 될 만한 공부를 한 것은 아니었다.

경제적 여건도 그랬지만, 정서적으로도 힘들었다. 양가 모두 오랜 세월 동안 부모님 사이가 좋지 않았다. 남편은 형제가 여럿 있고 형제간의 우애는 괜찮은 편이었지만, 나는 하나 있는 남동생과 풀기 어려운 관계 속에서 살았다. 내 부모가 살아가는 방식이 나와 맞지 않는다고 생각해서 늘 가시 돋친 말로 할퀴기 일쑤였다. 도망치고 싶었고, 살기 싫은 날도 많았다. 그 와중에 만난 한 사람이 든든한 버팀목이 되었고, 그는 나의 용기와 끈기를 보고 자기 인생의 닻으로 삼아도 되겠다고 판단했다. 지지리 가진 것도 없으면서 할 줄 아는 거라곤 그저 뚜벅뚜벅 앞으로 나아가는 것밖에 없던 나와 그에게, 우리는 서로의 지지자이자 역할 모델이었다.

2011년 5월 28일, 종로의 한 한식당에 양가 식구들을 초대해 음식을 대접했다. 비싸고 호화로운 자리도 아니었고 모든 것이 어설프고 낯선 자리였지만, 그렇게라도 한자리에 모셔 뭐라도 할 수 있어서 다행이라고 생각했다. 그 자리에서 우리의 '약속' 판을 공개했다. 결혼식, 결혼반지, 양가 예물이며 혼수, 그 어느 것도 할 경제적 능력이 없던 우리였지만, 뭔가 우리끼리 간직할 만한 것이 필요했다. 그래서 남편이 제안한 것이 우리가 살면서 기억해야 할, 함께 지켜 나갈 세 가지 약속을 정해 나무판에 새기는 일이었다. 이 약속 판을 만들기 위해 결혼 서약과 이주 준비를 하는 짬짬이 함께 문구를 만들고, 인사동에 있는 작지만 이름난 어느 가게에 제작을 의뢰했다.

"함께 가는 길의 약속"이라고 이름 붙인 이 나무판에는 우리가 함께 사는 동안 지켜 나갈 세 가지 약속이 새겨져 있다.

하나, 서로 존중하며 통通하려 노력한다.
둘, 가사는 고르게 나눈다.
셋, 충만한 삶을 모색하며 실천한다.

이 세 가지 약속은 우리가 중요하게 생각하는 가치를 요약하고 있는데, 내가 특히 좋아하는 건 세 번째, '충만한 삶을 모색하며 실천한다'라는 약속이다. 비록 수중에 돈 한 푼 없이, 기댈 곳 하나 없이 맨몸으로 살아가는 삶이지만, 사는 대로 생각하는 사람이 아니라 생각하는 대로 사는 사람이 되고 싶다고 다짐해 온 지난날들을 상기시켜 주는 약속이기 때문이다. 겉보기와 달리 비관적이고 우울한 생각에 자주 빠지는 내게, 이 약속은 현재를 충만하게 살아갈 힘을 준다.

양가 식구들이 모두 모인 자리에서 세 가지 약속을 같이 읽는데, 짐짓 별일 아니라고 생각하면서도 굉장히 떨렸던 기억이 난다. 그 순간에서야 실감했던 것 같다. 나와 그가 딸, 아들 자리에서 떨어져 나와 '우리'가 된다는 사실을. 그날 그 자리에서 가족 안에서 참 많이 힘들었던 내 성장기와 아프고 안타까운 삶의 기억이 살며시 떠올랐다가 마음 깊이 가라앉는 것을 느꼈다. 그리고 내가 주체가 되어 새로이 만들어 갈 또 하나의 '공동체'는 어떤 모습이어야 할지 다시 한번 마음 깊이 새겼다.

조금 다른 방식으로 함께 고민해 선택한 삶. 그런 우리에게 다가온 아이와 그의 운명. 이 모든 걸 생각하다 보면 가끔은 우리에게 주어진 삶이 너무 가혹한 것이 아닌가 싶을 때도 있다. 그래서 나와 그의 만남이, 우리와 이 아이의 만남이 속절없이 안타깝게 느껴지기도 한다. 하지만 이 약속 판이 우리와 함께 있는 한 이 세 가지 약속을 늘 상기하며 하루하루 열심히, 충만한 삶을 살아갈 것을 믿는다. 아이의 삶이, 아이의 존재 자체가 우리에게 그러하듯이, 우리의 삶이 아이에게 응원이자 도전으로 다가갈 수 있다면 참 좋겠다. 그래서 아이가 우리와 함께, 또 혼자, 충만한 삶을 모색하며 실천하는 사람으로 성장할 수 있기를 바란다.

모성애 그까짓 거, 좀 없으면 어때!

'큰일 났다!'

생리 예정일을 한참 넘기고 뒤늦게 부랴부랴 찾은 병원에서 임신 6주 진단을 받았을 때, 정말이지 눈앞이 캄캄했다. 나는 원래 어린아이를 별로 좋아하지 않는 사람인 데다 결혼 전의 가족 관계에서 미처 풀어내지 못한 갈등과 상처가 많았다. 마음의 준비 없이 임신하게 된 상황이 당황스러웠다. 3년이 넘는 연애 기간 동안은 물론이고 결혼해서도 꼬박꼬박 피임했고 그동안 아무 문제가 없었는데 어째서 결혼하고 미국에 온 지 몇 개월 되지 않아 이런 일이 생긴 걸까, 몹시 당혹스러웠다. 하지만 곧 마음을 추슬렀다. 언제 해도 완전히 준비된 상태에서 아이를 갖긴 어려울 거란 생각이 스쳤고, 지금부터라도 준비하면 된다는 근원

모를 자신감마저 생겼다.

그 과정에서 읽은 책*은 내게 '모성애'라는 것을 새로이 발견하게 해주었다. 인간을 생리학적 관점, 즉 호르몬 작용에 영향을 받는 '동물'이라는 관점에서 봤을 때, 모성애는 어느 정도 동물적 작용의 결과다. 출산 직전, 인간 여성은 혼자만의 공간을 찾아 어둡고 좁은 곳에서 아이를 낳으려는 욕구를 느끼는 경향이 있으며, 그것은 다른 포유류 어미에서 공통으로 나타나는 현상이라고 한다. 실제로 나 역시 진통 과정에서 같은 욕구를 강하게 느꼈다. 병실이 너무 밝고 넓어서 에너지가 분산되는 느낌이었고, 조산사와 간호사와 의사가 수시로 드나들며 나의 상태를 확인하는 게 죄다 성가셨다. 물론 성가심도 잠시, 오랜 진통으로 진이 빠지자 그런 데 신경 쓸 여력조차 완전히 사라져 버렸지만 말이다.

외부의 개입 없이 조용하고 차분한 공간에서 새끼를 낳는 동물들은 출산의 순간, 옥시토신oxytocin을 다량 분비하는데, 이 옥시토신의 작용으로 인해 모체는 새끼에 대한 강렬한 애착을 느끼게 된다고 한다. 그리고 출산 직후 분비되는 아드레날린adrena-line으로 인해 모체는 새끼와 자신을 외부로부터 보호하고자 하

♦ 미셸 오당, 『농부와 산과의사』 *The Farmer and the Obstetrician*, 김태언 옮김, 녹색평론사, 2005.

는 경계심을 갖게 된다고 한다. 그러니까 우리가 '모성애'라고 부르는 것의 요체는, 다른 동물의 경우를 참고하자면, 호르몬의 작용이다. 우리는 흔히 '모성애'를 엄마가 된 이들이 갖게 되는 '자연스러운' 감정으로 간주하지만, 생리학적 관점에서 보면 모성애는 특정 호르몬 분비의 결과이고, 이를 돌려 말하면, 임신한 다고 해서 반드시 모성애가 갑자기 생겨날 수는 없다는 결론에 이른다.

　물론 인간의 모든 부분이 동물적 특성만으로 설명되지는 않는다. 임신을 기다려 온 사람이라면, 아이를 특별히 좋아하는 사람이라면, 임신을 확인하는 순간부터 아이에 대해 특별하고도 강렬한 감정이 생겨날 수 있고, 그것을 '모성애'라고 부를 수도 있을 것이다. 하지만 반대로 호르몬 작용을 간과하고 모성애를 모든 엄마가 자기 아이에게 '가져야만' 하는 감정으로 간주하면 문제가 생긴다. 나를 낳고 '저게 정말 내 아인가' 하고 의아해했 다던 우리 엄마나, 임신 후반 내 뱃가죽 위에 물결을 그리며 발 길질해 대는 아이를 보며 징그럽다고, 외계인이 된 것 같아 싫다 고 엉엉 울었던 나 같은 사람도 있다. 게다가 나는 출산 후에도 별 감정 없이 아이를 혼자 신생아 치료실로 보내고 잠을 자고 뉴 스를 보고 미역국을 먹었다. 아이가 다치면 내 몸 다치는 것처럼 아프다는 사람들도 있지만, 나는 그런 부분엔 둔감한 편이다. 모 성애를 엄마가 아이에게 갖는 강렬하고 애틋한 감정, 조건 없는 보호 본능으로 간주하고 당연히 여긴다면, 그렇지 않은 사람에게는 굉장한 부담, 심지어는 폭력으로 다가올 수 있다.

호르몬의 자극에 대한 개개인의 반응 정도나 분만 환경, 제왕 절개 수술 여부와 그에 따른 약물 조치, 그리고 임신·출산·육아와 관련해 개개인이 처한 사회경제적 조건의 편차에 따라 출산 후에도 이렇다 할 '모성애'를 느끼지 못할 수도 있다고 생각한다. 제왕 절개 수술로 아이를 낳은 경우, 진통과 출산 과정에서 선택하는 여러 조치와 약물 개입으로 인해 자연스러운 호르몬 분비를 방해받을 수 있다. 경제적·정서적으로 준비가 되지 않은 상태에서 임신과 출산을 하는 경우 생명의 탄생이 주는 기쁨보다 그 후의 걱정이 엄마에겐 훨씬 더 압도적일 수 있다. 나 또한 이런 복합적 요인이 작용했을 것이다. 진통이 길어지며 불안감이 번져 가던 무렵, 아이가 위치를 바꾸었단 얘기를 들었고, 통증을 줄여 보고자 따뜻한 물에 들어갔다 나오기를 반복하면서 기력이 많이 떨어져 있었다. 그 와중에 제왕 절개 수술이 결정된 것이 커다란 스트레스가 되었다. 피로, 스트레스, 불안감, 거기다 옥시토신 분비를 차단한다는, '무통 주사'로 알려진 에피듀럴epidural 투입, 그리고 막 태어난 아이를 신생아 집중 치료실로 보낸 일……. 그 모든 일을 겪으면서 아이의 탄생에 감격의 눈물을 흘리거나 애틋한 감정을 느끼기란 쉽지 않다.

이렇게 모성애다운(?) 모성애를 제대로 느끼지 못한 채 엄마가 되었지만, 나는 이 '모성애 결핍'에 크게 개의치 않는다. 결핍이란 애초에 어떤 비교 대상이 있거나 목표치가 있을 때, 그에 못 미칠 때 쓰는 말이다. 모성애에 관한 나름의 생각을 정리해 둔 상태에서 출산하고 육아를 시작했기 때문인지, 나는 굳이 내게 모성애가 있냐 없냐, 많으냐 적으냐를 따져 보려 하지 않았다. 다만 아이가 일 년 365일 예뻐 보이진 않는다는 것, '내 새끼 먹는 것만 봐도 배부르다'라는 말이나 '아이가 크는 게 아깝다'라는 말에 절대 동감하지 않는 것을 보면, 내가 그리 모성애가 넘치는 사람은 아니구나, 생각할 뿐이다. 그리고 차라리 내가 모성애가 철철 넘치는 사람이 아니어서 다행이라고 느낀다. 아이에 대한 엄마의 애정은 때로 너무 과도하고 일방적이기 쉽다. 내 아이에게만 유독 크게 작용하는 감정은 때때로 아이의 성장에 방해가 되기도 하고, 엄마의 자존감에 커다란 상처를 내기도 한다. 그런 면에서 모성애는 꽤 편협한 감정일 수 있다.

아이를 사랑하지만, 이 감정을 굳이 '모성애'라고 일컫고 싶지는 않다. 그보다는 인간 대 인간으로서 아이를 존중하고 아끼고 사랑하길 원한다. 비록 내가 아이들을 그리 좋아하지 않는 천성을 타고났지만, 한 아이를 품어 세상에 내놓은 사람으로서 남의 아이도 존중하고 아끼는 사람이 되고 싶다. 그래서 나는 아이에 대한 나의 애틋한 감정에 '모성애' 대신 '인간애'나 '생명애'라는 이름을 붙이기로 했다. 내 아이뿐 아니라 모든 아이가 사랑받으며 행복하게 살 수 있는 세상, 그런 세상을 만드는 데 도움이 되고 싶다는 바람을 담아.

사람 만들기

2012년, 아이를 품고 있던 기간 동안 꿈을 참 많이 꾸었다. 대부분 좋지 않은 어린 시절의 기억이 재연되는 꿈이었다. 꿈속에서 나는 결혼 전의 가족 사이에서 내 감정을 꼭꼭 숨기고 이러지도 저러지도 못하고 혼자 애만 태우고 있었다. 싸우는 엄마 아빠 사이에서 꾸역꾸역 밥을 차려 놓고 눈치를 보며 이쪽저쪽 기웃거려 봐도 어느 한 사람 내 말을 들어주지 않았다. 그런데도 나는 안절부절 어쩔 줄 몰라 하며 작은 방 안을 맴돌았다. 꿈 바깥에서 꿈속의 나를 보는 마음이 답답할 정도였다.

십 년 전만 해도 그랬다. 사람들 앞에서, 심지어 가족들 앞에서도 감정을 잘 드러내지 않는 사람이었다. 아주 어릴 적부터 이어진 엄마 아빠의 다툼은 나의 감정보다는 부모의 감정을 더 빨리 알아채도록 나를 훈련시켰다. 그런 세월이 오래 지나자 나는 어느새 소리에 관한 한 신경증에 가까운 예민함을 갖게 됐다. 문틈 사이로 두런두런 소리가 나기 시작하면 신경이 곤두섰고, 심박 수가 점점 높아졌다. 그 두런거림이 마침내 고함과 욕설이 되어 집안을 뒤흔들면 나는 시골집 셋방 문을 열고 뛰쳐나가 바닥에 주저앉아 꽥꽥 소리를 질렀다. 엄마 아빠는 "넌 또 왜 그러냐"라며 다그치거나 화를 냈다. 싫다, 싸우지 말라, 그만하라, 소리도 나오지 않았다. 그저 소리를 지를 뿐이었다. 눈물이 나오지 않았다.

다른 일로 속상해 울 때도 누구 앞에서 드러내 놓고 속 시원히 울어 본 적이 없었다. 전학 간 학교에서 한 학기 넘게 반 아이들에게 언어폭력을 당했을 때도, 첫사랑에 실패했을 때도, 뜻대로 되지 않는 공부와 동아리 일에 힘겨웠을 때도, 늘 엄마나 동생과 함께 방을 써야 했기에 잠자는 척 이불을 머리끝까지 뒤집어쓰고 숨을 참아 가며 울었다. 그렇게 울다 보면 머리도 아프고 코가 꽉 막혀 어렵게 잠들기 일쑤였다. 외가에 잠시 신세를 지던 시절엔 좁은 할머니 방에 객식구로 들어앉은 주제에 소리 내어 울 염치가 더욱 없었다. 나는 늘 가족 앞에서 냉정해지고 싶었다. 내가 기대기엔 엄마 아빠 모두 너무 힘겨운 삶을 살고 있었기에, 나는 그저 '혼자서도 잘 하는' 사람, 두 사람에게 방해되지 않고, 반대로 간섭도 받지 않는 그런 사람으로 살고 싶었다.

그런데 임신을 하고 나니 덜컥 겁이 났던 모양이다. 임신 기간 내내, 결혼 전 힘들었던 가족 관계를 떠올리는 꿈을 자주 꾸었다. 하지만 덕분에 오래된 상처들을 하나하나 끄집어내고 들여다보고 털어 내는 작업을 반복할 수 있었다. 생각하는 것만으로는 해소되지 않을 때가 많아서, 글로 써보기도 했다. 그러면서 결심했다. 내가 주체가 되어 만들어 갈 나의 가족은, 아이든 어른이든 자신의 감정을 숨기지 않아도 되는, 모두가 서로를 구체적인 말과 행동으로 보듬고 지지하는 공간으로 만들겠노라고. 다행히 내가 선택한 사람과의 결혼이 나를 이미 그 방향으로 이끌고 있었으니, 어렵지 않을 거란 기대를 했다. 그런 생각을 하던 중, 도서관에서 또 한 권의 책을 만났다.

『사람 만들기』Peoplemaking에서 버지니아 사티어Virginia Satir는 '사람답게 사는 사람'의 모습이 어떤지를 이렇게 묘사했다. "늘 깨어 있는 사람. 감정이 풍부하고, 언제나 사랑하고, 생기 있고, 진정성 있고, 창의적이며, 생산적인 사람. 혼자 두 발 딛고 오롯이 서서 깊이 사랑하고, 싸워야 할 땐 공정하게, 효과적으로 대항할 줄 아는 사람, 자신의 약점과 강점 모두를 긍정적으로 이해하는 사람." 그러면서 그는 가정이란 이런 '사람'을 만들어 내는 곳이라고, 부모의 일은 아이를 키우는 게 아니라 '사람을 만드는 일'이라고 말했다. 그리고 아이를 언제나 (미숙한) '아이'로 보기보다는 오히려 처음부터 하나의 완전한 존재로 인식하고 존중할 때, 아이와 부모가 서로 자신의 감정을 자유롭고 자연스럽게 표현하고 수용할 때, '사람 만들기'가 가능해진다고 했다.

돌이켜 보면 그런 면에서 나는 꽤 오랫동안 사람답게 살지 못했다. 감정을 숨기거나 억누르는 데 익숙해져서 일찍부터 애어른이 되었지만 사람답게 살지는 못했다. 내 부모는 아이의 감정은 물론이고 당신들의 감정도 이해할 수 없어 늘 서로에게 악에 찬 분노와 원망을 쏟아 놓았고, 그만큼 당신들이 자식에게 못난 부모임을 자책하며 괴로워했고, 그보다 몇 배 더 외로워했다. 그리고 그 어쩌지 못하는 괴로움과 외로움이 지금까지도 계속되고 있다. 비록 멀리 있지만, 알고 있다. 가까이 있어도 자식이 어찌해 줄 수 없는 괴로움이고 외로움이라는 걸.

그런 내게 아이가 왔다. 아이만큼은 언제나 사람답게 살았으면 싶었다. 나처럼 냉정하고 모범생 같기만 한, 반쪽짜리 말고, 울고 웃고 화낼 줄 아는 사람이 되었으면 싶었다. 그래서 나는 아이가 아기였을 적부터, 아이를 한 '사람'으로 보려고 노력했다. 오늘 무슨 일이 있을 건지, 어떤 일은 왜 일어나는지, 아이가 옹알이하기 전부터 시시콜콜 말해 주었다. 아이가 짜증을 낼 때나 울 때는 그만한 이유가 있는 거라 여겼고, 아이에겐 아이만의 욕구·방향·속도가 있다는 걸, 그러니 어른이라는, 또는 엄마라는 이유로 아이를 마음대로 짐작하고 판단해선 안 된다는 걸 늘 상기했다.

그리고 그보다 더 중요하게는, 나 역시 '엄마'이기 이전에 사람임을, 남편과 아이에게 있는 그대로 내보이려고 노력했다. 온종일 이어지는 육아에 지친 날엔 퇴근한 남편을 붙들고 이래저래 힘들었노라 털어놓으며 울었다. 그냥 우는 거로 속이 안 풀리는 날엔 "짜증 나!"를 연발하며 침대에 얼굴을 묻고 소리를 지르기도 했다. 그리고 10만 분의 1이라는, 그 흔치 않은 확률에 걸려든 우리의 인생이 기막히고 화날 때, 아이를 안고 동동거리며 버스를 타고 두어 시간씩 걸려 일을 해결하러 다닐 땐, "대체 내 인생은 뭐 하나 쉬운 것이 없냐"며 탄식했다.

요즘에는 '아이 감정 읽어 주기'가 당연히 여겨지는데, 그에 비교해 부모의 감정에 대해서는 좀처럼 얘기하지 않는 것 같다. 여전히 '여자는 약하지만, 엄마는 강하다'라는 19세기적 경구가 들먹여지는 마당에, 특히 주 양육자인 엄마는 언제나 정신적으로 강인해야 한다고 강요되기 일쑤다. 아이가 생긴 후 일어난 이런저런 일상의 변화나 감정 변화에 대해 부정적인 얘기를 할 때 "그래도 아이가 있어 얼마나 감사하니"라거나 "쉿, 애가 들으면 서운하겠어요!"라고 응수하는 사람들을 만나면 반발심이 인다. 엄마들이 임신·출산·육아에서 느끼는 이중적이고 복합적인 감정은 엄마 자신의 자기 검열에 걸려 여전히 잘 꺼내어지지 않고, 어쩌다 어렵게, 용기 내어 속 이야기를 꺼냈는데 귀담아 들어주지 않는다. 아니, 오히려 세상은 그런 엄마들을 힐난하거나 조롱하거나, 때로 혐오한다. 하지만 부모가 자신의 감정을 스스로 잘 알아야 아이의 감정을 읽어 낼 수 있는 게 아닐까? 희로애락의 감정을 일상적으로 겪으며 사는 사람인 이상, 어느 부모도 육아하면서 언제나 웃기만 하거나 인내할 수는 없다. 늘 온화하고 다정한, 그런 완벽한 부모, 혹은 그런 완벽한 부모 역할을 연기해 낼 수 있는 부모란 없다.

버지니아 사티어는 같은 책에 이렇게 썼다. "아이들은 부모의 성자 같은 면모, 완벽한 모습, 그런 것들보다는 부모의 인간다운 모습을 보면서 더 깊은 신뢰를 쌓아 간다." 그래서 나는 오늘도 아이 앞에서 웃고, 울고, 속상해하며 산다. 아이가 나를 따라 까르르 웃을 때, 나를 와락 안으며 사랑한다고 속삭일 때, 눈물 흘리는 내게 휴지를 내밀 때, 나를 안고 토닥이며 "괜찮아, 그럴 때도 있는 거야" 할 때, 나는 비로소 아이와 함께 조금씩 진짜 '사람'이 되어 가고 있음을 느낀다. 육아는 정말이지, '사람 만들기'의 과정이다. 아이뿐 아니라 어른을, 나를, 사람다운 사람으로 만들어 가는 과정이다.

남편과 둘이서, 우리끼리 산후조리

남편은 많은 부분에서 살림에 능숙한 사람이다. 약속 판에 새겨진 두 번째 약속, '가사는 고르게 나눈다'가 그의 손끝에서 자신 있게 나올 수 있었던 것도 그래서다. 그는 가난한 시골집에서 나고 자라면서 일찍부터 자기 앞가림을 하며 살아온 사람이라 세탁기, 청소기 같은 필수 가전제품 없이도 온갖 집안일을 손수 해낸다. 사실 나는 풍족하게 산 기간이 그리 길진 않아도 오랜 기간 엄마에게 의존해 살았기 때문에 손빨래가 익숙하지 않은데, 남편은 중고생 때부터 혼자 자취를 하며 한겨울 꽁꽁 언 물을 녹여 손빨래를 했던 경험이 있다. 그 덕에 우리는 결혼 후에도 속옷이나 양말 빨래를 각자 알아서 하는 독립적인 살림 방식을 유지할 수 있었다. 아파트 공용 세탁기를 이용하는 건 일주일에 한 번밖에 안 되기 때문에, 그사이 나오는 소소한 빨랫감은 쓱쓱 비벼 빨아 그날그날 널어야 일주일의 속옷과 양말 개수를 맞춰 낼 수 있었다. 많은 아내가 결혼하면 남편 속옷 빨래까지 하게 된다는데, 우리 집에선 그런 일이 없다. 가끔 겨울나기를 준비하느라 먼지를 뒤집어쓴 옷가지 두어 벌을 함께 담가 빠는 경우, 두 사람 몫의 빨래를 한 사람이 하는 때가 있긴 하지만 정말 가끔 있는 일이고, 그것도 보통은 내가 아니라 남편이 한다. 나는 결혼한 지 몇 년이 지났어도 여전히 손빨래에 서툴다.

자취 경력이 오래되어 웬만한 식사는 혼자서 거뜬히 준비할 수 있는 것도 남편의 장점이다. 결혼 후 처음 같이 살기 시작했을 때 나는 그 앞에서 칼질하는 걸 부끄러워했을 정도로 요리 실력이 형편없었다. 물론 지금이라고 크게 달라지진 않았다. 여전히 라면 물도 잘 못 맞추고, 간은 더더욱 못 맞춘다. 하지만 그는 나와 달리 집에서 자장면과 짬뽕도 만들어 낼 수 있는 사람이며, 냉장고 속 남은 재료를 보고 저녁 메뉴를 단 몇 초안에 생각해 내 뚝딱 만들 수 있는 경지에 이른지 오래다.

미국엔 한인들이 많이 모여 사는 대도시를 제외하고는 산후조리원이 따로 없다. 그러다 보니 이곳에 사는 한국인 가정의 대다수가 출산 후 친정이나 시댁 부모를 모셔 와 도움을 받는다. 한국인 가사 도우미 혹은 아기 돌보미를 고용해 도움받는 경우도 흔하고, 가사 도우미까지는 아니더라도 한국식 밥반찬을 만들어 배달해 주는 서비스를 이용하는 사람도 있다. 물론 우리처럼 경제적 여유가 없는 사람들에겐 가능한 선택지가 아니지만 말이다. 하지만 우리는 고민도, 두려움도 없이 우리끼리 산후조리 하는 쪽을 선택했다. 나보다 더 요리와 빨래, 살림을 잘하는 남편이 있으니 두려울 게 없었고, 이때의 경험이 이후 남편과의 공동육아에 긍정적인 영향을 미치리라고 확신했기 때문이다.

산후조리 기간, 남편은 말 그대로 산후 도우미 역할을 했다. 매일 삼시 세끼를 때맞춰 요리해 내 앞에 들이밀며 "너는 애를 먹여야 하니까 더 잘 먹어야 한다. 내 일은 너를 먹이는 일"이라고 했다. 그리고는 매일 밤 기저귀 열댓 장, 아이 옷 서너 벌을 발로 밟고 손으로 비벼 빨았다. 마침 학교는 방학 기간이었고, 그는 3주간의 짧은 방학을 산후조리에 몽땅 바쳤다. 3일 넘게 신생아 집중 치료실에 있다 나오는 바람에 엄마 젖을 물지 못하게 된 아이에게 모유 한 방울이라도 더 먹이려고 2~3시간에 한 번씩 유축(젖을 짜서 저장해 둠)하던 때였다. 모든 것이 아이 위주로 돌아가던 그때, 남편은 모든 것을 내려놓고 아이와 나를 위해 살았다. 새벽 수유도 남편과 번갈아 했다. 2시에 내가 아이를 먹이고 기저귀 갈아 재운 뒤 젖을 짜고 잠들면 5시엔 남편이 저장해 둔 모유를 아이에게 먹인 후 기저귀 갈아 재웠다. 그렇게 3주를 지내며, 우리는 서서히 아이와 함께하는 일상을 만들어 갔다.

산후조리 기간에 산모에게 가장 어렵고 힘든 일이 바로 빨래와 요리다. 아이를 들었다 놨다 하며 먹이고 갈고 재우고 달래는 것만으로도 손목에 무리가 가기에 십상인데, 거기에 매일 나오는 아이 빨래를 돌리고(혹은 우리처럼 직접 빨고), 널고, 개어야 한다면? 게다가 온종일 아이를 먹이고 재우는데 나 먹을 시간이 어디 있으며 남편 먹을 밥반찬 만들 시간이 어디 있을까? 그러다 보니 출산 후 조리원에 들어가는 것이 하나의 문화가 된지 오래되었고, 조리원에 머무는 기간이 그나마 산모에게 가장 편안한 때라고들 한다. 조리원에 들어가는 문화가 형성된 이유를 들여다보면, 육아와 가사를 바라보는 우리의 현실이 어떤지를 알 수 있다. 아이는 여자 혼자 만드는 것이 아닌데, 왜 산후조리 기간부터 육아와 가사를 모두 여성이 고스란히 떠맡게 되어 있는 걸까. 왜 남편들은 아내의 출산 후 조리 기간에 휴가를 보장받을 수 없으며, 왜 출산휴가·육아휴직을 쓸 수 있는 때라도 적극적으로 가사와 육아를 하지 않을까.

조리원을 이용하든 않든 결국 신생아 육아와 가사를 혼자 떠맡으며 힘들어하는 여성들을 볼 때마다 생각했다. 세상 모든 아빠에게 아이가 태어난 후 최소 3, 4주 동안 아내와 함께할 기회를 주면 어떨까 하고 말이다. 그저 시간을 주는 것만으로는 충분하지 않으니, 산모 교육이나 부모 교육 프로그램에 요리법과 살림법 특강을 필수 과정으로 넣어 아내가 몸조리하는 동안 남편이 집안 살림을 해낼 수 있게 미리 준비하는 것도 필요하다. 그렇게 남편과 아내가 산후조리 기간을 함께 지내며 가사와 육아를 분담하면서 탄생의 기쁨, 신생아 육아의 어려움, 함께한다는 뿌듯함, 서로의 노고를 느낄 수 있게 된다면, 서로 더 애틋해하고, 또 고마움을 느낄 수 있지 않을까.

　요즘 같이 직장 생활을 하는 여성이 많은 시대에도 많은 엄마가 여전히 매 순간 '내가 직장을 관두고 애들을 봐야 하는 거 아닐까' 괴로워하고, 또 많은 여성이 가사와 육아에 적극적이지 않은 남편 때문에 속앓이 한다. 아직도 인터넷상에는 여성의 출산 준비 사항에 '반찬 만들어 두기'나 '가족에게 필요한 물건이 어디에 있는지 메모해 두기' 같은 것이 버젓이 적혀 있다. 우리는 이미 너무 많이 보아 왔다. 엄마가 어떻게 아이들과 집안일을 보살펴 왔는지 영영 모른 채 결국엔 돈 벌어다 주는 기계로 전락해 버리는 아빠들을. 그동안 엄마의 희생 속에 자라면서 그런 아버지·남편을 탓해 왔지만, 어쩔 수 없이 남편이 아닌 친정어머니·시어머니·조리원·산후 도우미·가사 도우미 등 또 다른 '여성'으로부터 육아와 살림에 관한 도움을 받으며 그들의 돌봄 노동에 기대어 산다. 부부끼리 산후조리하는 것이 온 가족이 함께 하는 가사와 돌봄의 출발점이 될 수 있다고 나는 생각한다. 함께 하는 가사와 돌봄이야말로 '독박 육아'를 끊어 내는 첫걸음이다.

애송이, 그대 이름은 '애 아빠'

제아무리 가사와 돌봄을 무리 없이, 성실히 수행하는 사람이라지만, 그리고 처음부터 천상 '애 아빠'였던 것은 아니다. 어릴 적부터 해온 집안일과는 달리, 그에게도 육아는 이번 생에 처음 있는 일이었다.

신생아 집중 치료실에서 갓 나온 아이를 데리고 집에 돌아온 지 일주일이 되지 않은 어느 날이었다. 몇 시간 간격으로 유축을 하고 때맞춰 먹이고 재우고 기저귀를 갈고, 혹시 모를 일에 대비해 아이 몸을 관찰하느라 신경이 곤두서 있던 어느 한낮. 아이가 울기 시작했다. 안고 흔들어 주어도, 젖을 먹여도, 옷을 벗겼다 다시 입혀도, 기저귀를 갈아도, 눕히거나 안아도, 등을 두드려 주어도 도무지 끝나지 않는 울음. 번갈아 아이를 안고 어르며 별

짓을 다해 봤지만 소용이 없었다. 아이를 다시 넘겨받고 소파에 엉거주춤 걸터앉은 채 망연자실해 있는 내게 급기야 남편이 쏘아붙였다. "아 어떻게 좀 해봐!"

평소 좀체 화를 내거나 짜증을 내지 않는 남편이 그렇게 쏘아붙이니 순간 몹시 서럽고 짜증이 났다. 그래서 나도 똑같이 소리를 꽥 질렀다. "아 난들 알아?! 내가 애를 울렸어!" 가뜩이나 신생아 집중 치료실에 있으면서 젖병 수유에 익숙해진 아이 때문에 수유 때마다 온몸의 진이 빠질 지경이었는데, 남편은 내가 우는 아이를 붙들고 젖을 물릴 때마다 옆에서 "글렀어, 직수(직접 수유)는 물 건너갔다고. 그냥 유축해 둔 거 먹여"라며 김새는 소리를 해댔다. 나중에야 그게 다 애 우는 소리가 듣기 싫어서 하는 얘기였다는 걸 알았다. 수유 시간이 가까워져 올 무렵, 아이가 입을 삐죽대기 시작하면 잽싸게 냉장고로 달려가 유축한 모유를 대령했던 것도, 아이가 울먹이는 시늉만 해도 잽싸게 달려가 아이를 들어 안았던 것도, 힘든 나를 위해서나 아이를 위해서라기보다는 애 우는 소리가 듣기 싫어서였다!

그뿐 아니다. 그렇게 3주를 보내고 새 학기가 시작된 지 얼마 되지 않은 어느 날. 남편은 저녁 수업이 여럿 있어 밤 9시가 넘어서야 집에 돌아오는 날이 일주일에 2, 3일씩 되었는데, 그가 돌아오는 밤 9시면 한창 아이를 붙들고 밤잠을 재우느라 씨름할 때였다. 그날도 아직 잠들지 못해 보채는 아이를 안고 침실을 서성이느라 넋이 반쯤 나가 있는데, 집으로 돌아온 남편이 침실을 들여다보지도 않고 곧장 거실로 가 텔레비전을 보기 시작했다. 잠이 들었다 싶어 침대에 내려놓으면 번쩍 눈을 뜨는 그 유명한 '등 센서' 시기에 돌입한 아이는 그날따라 유독 눈을 감았다 뜨기를 반복했다. 피곤하고 졸려 어떻게든 빨리 재워야겠다는 생각뿐이던 그때, 거실에서 느닷없는 노랫소리가 들려왔다. "요즘 남자들 다 똑같아. 애송이야아~ 아아." 그 순간 화가 폭발한 나는 결국 침실 문을 벌컥 열고 소리쳤다. "지금 이게 뭐 하는 짓이야?! 어째 한번 들여다볼 생각도 안 하냐?!" 그는 한창 재미나게 보던 오디션 프로그램을 일시 정지해 놓고 놀란 눈으로 나를 바라보았다. 그리고는 말했다. "아니, 난 내가 들어가면 애 재우는 데 방해될 것 같아 그랬지."

그렇게 '다 똑같은 애송이'가 될 뻔했던 남편은 그날 이후로 '퇴근 후 육아 출근'에 돌입했다. 물론 그 후로도 가끔 성에 차지 않는 행태를 보일 때가 있었다. 그때마다 나는 돌직구를 날렸다. 귀찮고 피곤해 말도 하기 싫을 때는 내 블로그에 접속해 짤막하게 적었다. 그가 하루 한 번 꼬박꼬박 블로그에 들어와 본다는 걸 알았기 때문에 선택한 방식이었다. 그러면 남편은 그날 올라온 나의 불만 사항을 접수해 바로 시정에 들어갔다. 가끔 편지지며 카드에 반성문을 써서 식탁 위나 책장 위에 고이 놓아두는 정성을 보이기도 했다.

그의 반성과 행동이 빠른 덕분에 우리의 육아는 곧 만족스러운 공조 체계로 들어섰고, 아이 우는 소리를 못 견디는 그의 성미 덕분에 아이가 크게 울거나 떼쓰기 전에 아이의 요구를 재깍재깍 들어줄 수 있게 됐다. 그리고 아이는 그 때문에 엄마 아빠 중 누군가가 반드시 자기 곁에 있다는 것, 절대 자기를 혼자 두고 떠나지 않는다는 것, 약속을 지킨다는 것, 자기가 무엇을 원하는지 안다는 것을 몸으로 느끼며 자라났다. 그리고 그런 시간이 차곡차곡 쌓이자 양육자에 대한 안정적인 애착, 만족 지연 능력, 높은 자신감과 자존감이 생겼다. 또 '애송이'였던 남편은, 많은 시간 아이 곁에 머물며 '천상 애 아빠'가 되어 갔다. 토이의 〈좋은 사람〉이라는 노래를 개사해 흥얼거리며 아이를 어르고 달래는, '좋은 아빠'가 되었다.

오늘은 무슨 일인 거니?
울었던 얼굴 같은걸
엄마 먼저 지쳐서 토라진 거니?
우리에겐 세상 젤 소중한 너인데

막 지은 쌀밥을 불어 줘
그 속에 넘치는 내 맘을 담아
말없이 두 손 모아 끄덕끄덕하지
네 몸짓보고 난 웃을 뿐
혹시 넌 기억하고 있을까?
발 아파 움직이지 못했던 그 날

우리들 모두 함께 힘들어 할 때
넌 울었고 난 밤 지새웠지

네가 웃으면 나도 좋아
넌 변덕이라 해도
널 처음 안던 날, 너 처음 걷던 날,
내겐 벅찬 행복 가득한데
나는 힘들어도 괜찮아 (진짜?)
네가 잘 자란다면 (진짜!)
늘 너의 뒤에서 늘 널 바라보는
그게 내가 가진 몫인 것만 같아

남편 없으니 집안일이 두 배

7주간 연구차 한국에 들어간 남편 덕에 그야말로 '독박 육아'에 돌입한 지 일주일째. 조금 쓸쓸한 것 빼곤 아직 할 만하다. 아이가 낮잠을 자지 않고 버티는 시기가 다시 찾아와 온종일 아이에게 매여 있어야 하지만, 그래도 생각했던 것보다는 괜찮다. 변기에 응가 하는 연습을 다시 시작했고 젓가락질 연습도 새로 시작했다. 일주일 사이에 새로 배운 말도 많이 늘었다. 그래도 엄마와 계속 붙어 놀다 보면 온몸으로 함께 놀던 아빠가 그립긴 한모양인지, 아이는 문득문득 아빠를 찾는다.

그런 아이와 달리 내가 문득 남편을 찾게 되는 때는, 다름 아닌 집안일을 할 때다. 남편이 가고 나자 집안일이 정확히 두 배로 늘었다. 우리의 약속 판에 새겨진 두 번째 약속이 '가사는 고르게 나눈다'가 아니었던가. 세 가지 약속 모두 잘 지켜 가고 있는 편이지만, 특히 두 번째는 워낙 드러나는 일이어서 그런지 더더욱 약속 이행 여부가 확연히 나타난다. 남편이 가고 나니 우리가 두 번째 약속을 이렇게나 잘 지키고 있었나 싶어 깜짝 놀랄 지경이다.

가장 눈에 띄는 건 남편이 없으니 삼시 세 끼 밥을 다 내가 요리해 먹어야 한다는 사실이다. 남편 직업이 대학원생, 그것도 '가난한'이라는 수식어를 달고 사는 대학원생이다 보니, 우리는 학기 중 아주 바쁠 때를 제외하고는 늘 집에서 삼시 세 끼를 같이 먹는다. 아침에 남편이 먼저 일어나 빵을 굽고 과일을 잘라 식사 준비를 하면, 나는 설거지를 하고, 점심에 남편이 들어오는 시간에 맞춰 내가 요리하면, 설거지는 남편이 한다. 저녁때는 식사 시간 30, 40분쯤 전에 들어온 남편이 요리하고, 설거지는 둘 중 좀 더 하고 싶은 사람(?)이 한다. 어쩌다 보면 세 끼 식사 준비를 모두 남편이 하고 나는 세 끼 내내 설거지만 하는 경우도 생긴다. 사실 나는 남편보다 요리를 못해 뭘 해도 맛없는 요리를 내놓기 일쑤. 남편은 그런 내 요리 실력에도 타박 한번 하지 않고 자기가 나서서 요리를 도맡아 한다. 그런데 남편이 가고 나니 세끼 모두 내가 요리하고 설거지해야 하는 처지가 됐다. 맛없는 반찬을 놓고 아이와 정신없이 식사를 마친 뒤 설거지를 하고 있으면 그야말로 눈물이 앞을 가렸다.

두 번째로 확 늘어난 집안일은 빨래. 집에 있을 때나 가까운 놀이터에 외출할 때는 여전히 천 기저귀를 쓰는지라 매일 아이 기저귀 빨래가 나온다. 남편이 있을 때는 아무 걱정이 없었다. 나는 그저 기저귀 가는 일에만 충실하면 됐다. 젖은 기저귀를 한데 모아 두면 밤에 남편이 빨아 널었다. 그런데 남편이 없으니 기저귀 빨래도 내가 다 해야 한다. 아무리 발로 밟아 빠는 거라 해도, 매일 하는 건 그야말로 '일'이다. 물을 몇 번씩 갈아 밟고 또 밟고, 헹궈 내고 짜고……. 대체 남편은 그동안 어떻게 매일 기저귀 빨래를 한 걸까? 지난 2년 반 동안, 가끔 남편이 감기몸살로 아프거나 야간 수업 때문에 아주 늦어지는 날, 내가 기저귀 빨래를 한 적이 있긴 하지만, 열 손가락에 꼽는다. 그 열 손가락을 뺀 나머지, 수백 일에 이르는 많은 밤, 남편은 군소리 한번 없이 기저귀를 빨았다. 가끔 내가 힘들면 얘기하라고, 지겨우면 내가 빨아도 된다고 얘길 해도 괜찮다고, 그는 한사코 손사래를 쳤다. 온종일 애랑 씨름하는 거에 비교하면 기저귀 빨래는 아무것도 아니라면서. 하지만 내가 해보니, 아무것도 아닌 게 아니다.

이렇게 늘어난 집안일은 그 외에도 더 있다. 기저귀 널고 개기, 아파트 공용 세탁기로 빨래 돌리고 가져오는 일, 쓰레기 버리는 일, 날씨에 맞춰 아이 유모차를 올려놓거나 내려놓는 일, 욕실 청소, 이불·침대 시트 털기 등등. 그나마 다행인 건, 욕실 청소는 평소보다 덜해도 된다는 것? 건식 욕실이라 물기가 있으면 금방 더러워지는데, 평소 행동반경이 넓고 움직임이 빠르고 거친 편인 남편은 건식 욕실 깨끗이 쓰기를 어려워한다. 그래서 이틀이 멀다 하고 세면대 거울이 지저분해지고 세면대 위가 흥건해져서 물때가 끼어 냄새가 나는데, 남편이 없으니 일주일이 다 되어도 세면대가 깨끗하고 보송보송하다.

이렇게라도 내 일이 조금 줄어 다행인가? 아니, 그까짓 세면대 물때 좀 끼어도 좋으니, 거울이 금방 지저분해져 얼굴이 안 보여도 좋으니, 남편이 하루빨리 돌아오면 좋겠다. 어차피 욕실 청소야 남편 몫이었으니 그거 좀 지저분해져도 괜찮다. 맥주 안주로 생라면 부숴 먹고 카펫에 소파에 흘려 놔서 지저분해진다고 싫어라 했지만, 흘린 라면이야 까짓것 내가 청소기 한 번 더 돌리면 되지. 집안일 잘 하는 남편이 얼른 돌아와 맛있는 밥 지어 같이 먹고, 한 사람은 설거지하고 한 사람은 애 보며 여유롭게 저녁 시간 보내면 좋겠다. 7주 중에 이제 일주일 지났는데, 나는 정확히 두 배로 늘어난 집안일 때문에 온몸이 뻐근하다. 우렁 신랑, 얼른 돌아오라!

엄마로 살며 '나'를 잃지 않기

나는 균형 감각이 없는 사람이다. 어릴 적 체육 시간에 앞구르기를 하면 똑바로 구르지 못하고 꼭 모로 굴러 매트 옆으로 나가떨어졌다. 달리기할 때도 바닥에 그어진 선대로 뛰지 못해 꼭 옆 레인으로 삐져 나가 옆에서 달리던 친구와 부딪치고, 수영장에서 배영을 할 때는 천장에 일렬로 박힌 전구를 본다고 하는데도 어느새 옆 레인에 가 머리를 박곤 했다. 동아리에서 설장구를 칠 때도, 학교 무용 시간에 회전 동작을 익힐 때도, 나는 늘 균형이 흐트러져 주저앉곤 했다. 그뿐인가, 하다못해 길을 걸으며 물 마시기, 커피 마시기 같은 것도 잘 하지 못한다. 음료를 들고 쏟지 않고 걷는 것 자체가 내겐 어려운 일이어서 여간해선 손에 커피를 들고 다니는 일이 없다.

신체뿐 아니라 정서적인 균형 감각도 그리 좋지 않아서, 한 번 어떤 사람이나 일에 몰두하면 정신없이 빠져들기도 하고, 반대로 어떤 일이나 사람에게 크게 실망하거나 분노하면 좀체 그 감정에서 헤어 나오지 못한다. 특히 나는 타인에게는 물론이고 나 자신에게도 엄격한 편인데, 스스로 세운 기준에 못 미친다고 판단될 때면 나에 대한 실망이 분노로 이어져 끝없는 자괴감에 빠지기도 한다.

이렇게 균형 감각이 모자라 때로는 극단적인 성향의 내가 엄마가 된 뒤에도 나를 완전히 놓지 않을 수 있었던 이유는 '끊임없이 배우기를 좋아하는 사람'이기 때문이다. 내게 이런 자질마저 없었다면, 아이를 낳고 나는 무너져 버렸을지 모른다. 실제로 많은 희소 난치성 질환 가정의 엄마들이 자책과 무력감으로 고통스러운 시간을 보내는데, 나는 오히려 아이 덕분에 삶을 대하는 균형감을 조금씩 얻고 있다. 손재주가 없어 평생 생각도 못한 '재봉'이라는 분야를 독학으로 깨치고 있는 것이나, 평생 문과형 인간으로 살았으면서 생물학·생리학·유전학 같은 분야의 기초 서적을 들추며 공부하는 것, 스스로 엄격하고 개인주의적인 성향의 내가 타인의 관심과 도움을 조금씩 감당하게 된 것, 모두 아이가 KT를 가지고 태어났기 때문이 아니던가. 내가 아이의 KT에만 몰두해 거기에서 헤어 나오지 못했다면 하루하루 고통 속에서 살았을지도 모른다. 하지만 나는 이 운명을 내 일생의 과제로 삼아 배워 나가기로 했고, 무엇이든 공부하기 좋아하는 천성 덕분에 이 배움 자체를 즐기며 '아이'만이 아니라 '나'도 함께 생각하며 살아가는 나름의 균형 감각을 얻을 수 있었다.

엄마로 살면서 '나'를 유지하며 사는 것이 어렵다고들 한다. 아픈 아이의 엄마라면 더더욱 그렇다. 아무리 그렇게 생각하지 않으려 해도 아이가 아프게 태어난 것이 자기 탓인 것만 같은 엄마가 어찌 '나'를 찾으며 살 수 있을까. 하지만 엄마가 아이와 나 사이에서 균형을 유지하는 것은 모든 엄마와 아이를 위해 꼭 필요한 일이다. 엄마가 (아픈) 아이에게만 몰두할수록 엄마의 자존감은 떨어지게 마련이고, 엄마의 낮은 자존감은 결국 엄마와 아이 모두에게 악영향을 미친다. 마음과 몸 고생 끝에 엄마가 병을 얻는 경우가 흔하고, 그런 엄마를 보며 상처를 입는 아이의 이야기도 자주 들려온다.

그래서 요즘 나는 엄마라는 나의 '역할'과 나 자신 사이에서 균형을 맞추려고 더욱 노력한다. 한창 놀기 좋아하는 아이와 어떻게 하면 재미나게 놀까 하며 새로운 놀잇감을 고안하는 한편, 새로운 취미, 새로운 일거리를 발굴해 아이와는 전혀 관계없는 일을 벌인다. 그런가 하면 내 아이를 위해, 다른 아이들과 그 부모들을 위해 KT 관련 모임을 꾸려 보려고 분주히 움직이기도 한다. 어떤 날엔 아이 엄마로서 몬테소리 교육법과 관련된 책을 읽고, 어떤 날엔 날씨나 기분에 따라 시집을 들춰 소리 내어 읽는다. 어떤 날엔 아이를 무릎에 앉혀 애니메이션을 함께 보고, 또 어떤 날엔 마음 맞는 친구와 함께 관심 있는 영화제의 개막작

을 보러 간다. 다양한 활동을 통해 나의 내적, 외적 균형감을 확
보하며 자존감을 쌓아 가고 있다.

이렇게 살아가려면 나 자신의 의지만큼이나 충분한 사회적
지지가 확보되어야 한다. 그런데 엄마가 된 여성들은 엄마 역할
외에 다른 일이나 취미, 자기만의 시간을 가지며 살기가 쉽지 않
다. 조금 다른 아이를 둔 엄마들은 특히 그렇다. 아프거나 생김
이 다른 아이를 보고 "엄마가 태교를 잘못해서 그런 거 아니
야?"라고 말하는 사회, 희소 질환이나 장애가 있는 아이를 데리
고 외출하는 엄마에게 "저런 앨 뭐 하러 낳아서는 밖에 데리고
나와?"라고 말하는 사회. 그런 곳에서 어떤 엄마가 아이와 관계
없는 취미 생활이나 사회 활동을 하며 살 수 있을까? 아이들은
또 어떤가. 희소 질환이나 장애를 갖고 태어난 아이 대부분이 성
인이 되어서도 함부로 집 밖에 나갈 수가 없는 사회라면? 엄마
는 오랜 무력감과 죄책감에 평생 아이를 책임지느라 지쳐 버리
고, 그런 엄마와 살아온 아이는 거꾸로 '나 때문에 엄마가 힘들
다'라는 죄책감에 빠지기 쉽다. 어쩌다 용기를 내어 혼자 집 밖
에 나가도 "몸도 성치 않은 사람이 보호자도 없이 뭐 하러 나
와?"라며 쓴소리를 던지는 사람을 만나게 될 뿐이다.

많은 경우, 아프거나 장애가 있는 아이와 아이의 엄마는 다
수에게 불편을 끼치는 존재가 된다. 공공장소에서는 물론이고
심지어 가정에서도 엄마는 천형을 받은 듯 아이를 위해서만 살
아야 하는 존재로 여겨진다. 최근 알게 된 한 엄마는 아이가 병

을 가지고 태어난 것은 엄마 탓이니 평생 죄책감을 느끼며 살라는 폭언을 가족에게서 들었다고 했다. 또 다른 엄마는 아이가 병을 갖고 태어난 것이 늦은 나이에 아이를 가졌기 때문인 것 같다며 흐느꼈다. 그런 말들을 들으며 너무나도 속이 상했다. 내게서 떨어져 나온 내 아이가 아프다는데, 그래서 가뜩이나 내 탓인 것만 같아 엄마는 아픈데, 거기다 대고 꼭 그렇게 독한 말을 퍼부어야 하는 걸까. 노산이어서 누구보다 더 신경 썼을 임신 기간, 태어나 그 어느 때보다 자기 몸에 정성을 쏟고, 뱃속 아이를 애틋해하며 품었을 텐데, 왜 엄마는 자책하며 울어야 할까.

아이가 어떤 모습으로 태어난 건, 결코 엄마 잘못이 아니다. 그건 그저 찰나의 순간에 이루어진 우연, 그 우연이 빚은 다른 삶일 뿐이다. 엄마는 그저 아이들이 조금 덜 불편하게, 조금 더 즐겁게 살 수 있도록 최선을 다해 도와주면 된다. 엄마가 행복해야 아이도 행복하다는 그 귀하고 좋은 말 한마디, 세상 모든 엄마에게 유효한 그 말을, 아이가 아픈 엄마들과도 기꺼이 함께 나누었으면 좋겠다.

내보내기 위해 잠깐 품는 것

"엄마가 더는 날 사랑하지 않는대."

얼마 전, 친구로부터 대뜸 이런 문자메시지가 날아왔다. 긴 연휴 탓에 한 달 가까이 못 본 터라 서로 새해 안부를 묻던 중이 었다. 한두 번의 문자메시지 교환 끝에 뭔가 분위기가 심상치 않 아 "무슨 일 있냐"라고 물었더니 이런 뜻밖의 답이 돌아왔다. 이 어지는 문자메시지에서 친구는 말했다.

"세상에 어느 엄마가 자식한테 그런 말을 할 수 있다니?!"

충격이었다. 내가 처음 받은 충격은 엄마가 딸에게 "사랑하 지 않는다"라는 '말'을 했다는 데서 왔다. 왜냐하면 그건 곧, 이 번 사건(?)이 있기 전까지 이 엄마와 딸은 서로의 사랑을 말로 표현하며 살아왔음을 의미하기 때문이다. 나는 경상도에서 나고 자란, 내향적이고 소심하며 집안 환경 탓에 철이 일찍 든 만딸. 그러니까 '말하지 않아도 알아요'에 더 익숙한 편이다. 자라면서 부모님으로부터 '사랑한다'라는 말을 들은 적이 거의 없고, 그런 걸 기대하거나 바라지도 않았다. 나 역시 부모님께 그런 말을 해본 적이 없다. 어릴 때도 그랬는데, 아이를 낳아 사는 지금이야 더 말할 것도 없다.

엄마와 딸이 '사랑한다'라는 말을 주고받으며 살아왔다는 것만으로도 놀라운 나로서는, 엄마가 딸에게 '사랑하지 않는다'라고 말한 것도, 또 그 말을 듣고 깊이 상처받은 딸을 보는 것도 모두 충격이었다. 아무리 감정 표현에 적극적이고 익숙한 사람들이라지만, 어떻게 엄마가 성인이 된 딸에게 "난 너를 이제 사랑하지 않아!"라고 말할 수 있을까. 그리고 아무리 엄마가 그런 말을 했다 한들, 또 그렇게까지 상처받을 건 또 뭔가. 무슨 사연인지 궁금했다.

친구는 지난 연말 부모님 댁에 가 머무는 내내, 엄마와 다퉜다고 한다. 친구의 유별난 한국 사랑이 화근이었다. 그는 최근 2, 3년간 한국 드라마에 푹 빠져 지낸다. 틈나는 대로 한국 대중가요를 듣고, 한국 음식을 즐겨 먹는다. 나를 만나게 된 것도 그래서였다. 그는 한국인 친구를 사귀면서 간단한 한국어 문장이라도 배우고 싶어 했다. 친구 엄마는 처음부터 그걸 못마땅히 여겼다. 이번 일도 그런 갈등이 쌓여 폭발한 것이었다. 친구가 냉장고에 넣어 둔 김치를 보고 친구 엄마는 "어디서 생전 듣도 보도 못한 걸 갖고 와서는!"하며 화냈다. 성난 엄마가 냉장고에 있던 한국 음식을 꺼내 버리려다 그릇이 깨졌는데, 둘은 그걸 치우는 중에도 옥신각신 다퉜다고 한다. 그런 일들이 며칠째 이어지는 와중에 나온 말이 "나는 너를 이제 사랑하지 않아!"였던 것이다.

친구는 노년의 엄마가 '엄마'로서의 통제권을 점점 더 많이 잃어 가면서 불안과 상실감을 느끼는 것 같다고 했다. 사춘기 딸이 자기만의 세계를 만들어 가기 시작할 때 엄마가 느끼는 소외감 같은 걸 노년의 엄마가 다시금 느끼고 있는 것 같달까. 친구와 엄마는 대체로 살갑고 친한 모녀 사이였다고 한다. 그런데 최근 3년 동안 친구의 엄마는 알츠하이머병으로 몸져누운 남편을 돌보느라 많이 지쳤고, 같은 기간 친구는 외국 문화에 급속도로 매료되었다. 친구는 직장 생활을 하면서도 연휴며 휴가 때마다 꼬박꼬박 부모님 댁에 가 엄마를 도왔는데도 엄마가 자기에게 뭔지 모를 배신감과 소외감을 느낀다며 이렇게 결론 내렸다.

"우리 엄마는 아직도 자식을 자기 품 안에 두고 싶어 하는 것 같아."

친구 엄마는 요즘도 집안 행사에 낼 음식을 몇 날 며칠 직접 요리해 내놓는 분이라고 한다. 남편이 몸져누워 있는데도 남편 쪽 집안 행사에 혼자라도 가서 얼굴을 비춰야 하고, 자식들, 손주들 일에 노심초사하는 성격이기도 하다. 집안일이라면 모두 당신 손을 거쳐야 비로소 안심되는, 그런 엄마의 전형. 그러다 보니 당신이 모르는 외국에 여행 다니며 그곳 문화를 즐기는 딸의 모습이 못마땅하고, 딸에 대해 모르는 것이 늘어 간다는 것에 상실감과 불안을 느끼는 것 같았다. 젊은 시절에도, 또 노년에도 가족만을 챙기며 살아온 엄마로서는 어쩌면 박탈감마저 느끼고 있을지 모른다. 친구가 말했다.

"그런데 말이야, 엄마라면, 자식이 즐겁고 행복한 걸 보며 좋아하고 축복해 줘야 하는 거 아니니? 그리고 엄마가 그렇게 살아온 건, 내 잘못이 아니라 엄마의 선택이잖아."

친구는 엄마로서 아이를 키우는 건, 결국 그 아이를 세상에 내놓기 위한 것이어야 한다고 말했다. 아이가 성인이 되면 자유롭게 자신의 행복을 찾으며 살게끔 놓아주어야 하고, 또 자식이 좋아하고 원하는 일이라면 그것이 무엇이든 함께 기뻐해 줘야 한다고도 말했다. 내가 결혼하기 전부터 품은 생각 일부가 친구의 말과 겹쳐졌다. 부모는 아이를 소유물로 여겨서도, 대리 만족을 위한 존재로 여겨서도 안 된다. 아이가 내 뜻대로 나아가지 않는다고 해서 노여워하거나 내가 이해할 수 없는 무언가를 좇는다고 해서 "너를 사랑하지 않아"라고 말할 수는 없다. 차라리 말없이 놓아줄지언정, 그래서는 안 된다.

그런데 그게 말처럼 쉽지만은 않다. 아이가 잘 되면 엄마 덕이라며 치켜세우고 아이가 잘못되면 엄마가 잘못해서 그렇다고 몰아세우는 문화 탓에 특히나 엄마들은 이런 이중적인 억압 속에 놓여 있기 쉽다. 아이와 엄마를 향한 이 억압을 깨려면, 무엇보다 아이를 키우는 동안 엄마가 자신을 잘 지켜 내야 한다. 모든 걸 아이를 위해, 가족을 위해 내놓으며 살다 보면 어느 날 문득 엄마 자신의 인생은 없어지고 말 테니까. 우리들의 엄마가 그랬던 것처럼.

엄마가 된 후, 이런 생각은 조금 더 확장되고 있다. 우리 사회에서 아프거나 장애가 있는 사람들은 성인이 된 뒤에도 부모에게서 독립하기가 어렵게 되어 있다. 보호나 치료, 재활을 구실로 사회로부터 격리되다시피 하는 경우도 많고, 사회적·제도적 지원이 미비하다 보니 부모가 끝까지 책임질 수밖에 없게 되어 있다. 하지만 아픈 사람, 장애가 있는 사람도 부분적으로나마 독립해 살아갈 수 있어야 하고, 그 부모도 장애가 있는 아이를 기꺼이, 마음 편히 세상에 내보낼 수 있어야 한다. 장애가 있어도 원하는 학업과 취업, 취미 활동, 사교 생활, 여행이 가능해야 하고, 다양한 경로로 필요한 도움을 받으며 경제적·신체적·정서적으로 자립할 수 있어야 한다. 장애가 있는 사람 대다수가 대부분의 사회생활에서 소외되며, 자주 폭력의 피해자가 되고, 종종 폭력의 가해자가 되는 우리 사회에서, 아프거나 장애가 있는 사람들은, 또 그 부모들은 평생 자신을 옭아매며 살아간다. 이 부모들이 죄책감이나 불안한 마음 없이 아이들을 잘 키워 세상으로 내보낼 수 있으려면 우선 사회가 지금보다 훨씬 더 안전해져야 한다. 그리고 부모로서 아이들을 키우는 것은 결국 아이들을 세상에 내보내기 위해서라는 생각이 널리 공유되어야 한다.

친구의 이야기를 들은 그날 밤, 잠자는 아이를 내려다보며 생각했다. 나는 언제나 너의 뒤에서 네가 가는 길을 바라보겠노라고. 무슨 일이 있어도, 나이가 들어도, "너를 사랑하지 않는다"라는 말은 하지 않겠다고. 네가 세상에 나갈 때는 미련 없이 보내 주겠다고. 크고 넓은 날개로 세상을 품을 수 있도록, 그 날개를 마련하는 일에 최선을 다해 돕겠다고. 무엇보다 너를 온전히 품을 수 있는 안전하고 정의로운 세상을 만들어 가기 위해 힘쓰겠다고. 그 첫발이 바로 이 글쓰기이며, 글을 쓰며 엄마는 '나'의 인생을 놓지 않고 살겠노라고.

그 남자, 그 여자의 취미 생활

내가 미국으로 건너오기 전까지 일하던 곳은 영어 학원이었다. 정오에 출근하면 오후 1시, 초등학교 1, 2학년 수업을 시작으로 밤 9시 중학교 3학년 아이들까지 쉴 틈 없이 상대해야 했다. 쉬는 시간도 없이 연이어 수업이 있어 저녁 식사 시간 20, 30분을 제외하고는 딱히 쉴 수도 없었다. 그렇게 일하고 퇴근하면, 버스에 올라타는 그 순간부터 다음 날 아침까지 아무 말도, 아무것도 하고 싶지 않았다.

"나, 방음 처리된 방에 혼자 두 시간만 가만히 앉아 있었으면 딱 좋겠어."

아이를 낳고 나서 한동안 내가 남편에게 하소연한 주된 내용이 바로 이 '아무 말도, 아무것도 하고 싶지 않은' 기분에 관한 거였다. 온종일 내게 안겨 웃고 울고 징징대고 요구하는 아이를 돌보며 나는 학원 일을 하던 때를 떠올렸다. 그때는 그래도 퇴근하면 아무 말도 안 할 수 있었는데, 신생아를 돌보는 일은 24시간 계속되는 일이니 잠자는 시간 빼고는 그게 불가능했다. 심지어 잠을 자다가도 아이가 뒤척이거나 깨서 울면 달래고 먹이고 재워야 하니 아무것도 안 하고 나 혼자 있을 때가 없었다. 문득문득 아이가 내는 소리가 소음으로 느껴지는 순간이 있었고, 그럴 때면 혼자 상상하곤 했다. 아무 소리도 들리지 않고 아무것도 보이지 않는 빈방이 하나 있다면 얼마나 좋을까 하고. 스트레스가 극에 달하는 날 밤이면 누구와도 말하고 싶지 않아 혼자 이어폰을 꽂고 드라마를 봤다. 그러나 신생아 시절의 아이는 내게 30분의 드라마 시청도 허락하지 않았다.

첫 일 년, 내 생활이 그렇게 모조리 아이에게 바쳐지자 남편의 생활이 부러운 날이 많았다. 남편은 학교에서 공부하고 강의하고 일하느라 바빠도, 짬짬이 공강 시간도 있고 그럴 땐 조용한 데서 쉴 수도 있는데 나는 어딜 가나 아이와 함께하니 도무지 혼자일 수 없는 게 화가 났다. 남편은 책 읽고 글 쓰며 지적 활동을 맘껏 누리는데, 나는 영어도 한국어도 '베이비 토크' 수준으로 떨어지고 있었다. 남편이 스피치 클럽 활동을 열심히 해서 지역 대회에 나가게 된 것도 어쩐지 못마땅했다. 이런저런 스트레스가 쌓여 짜증이 나도 아이한테 풀 수는 없으니 남편을 붙들고 징징대기 일쑤였다.

그렇게 첫 일 년을 정신없이 보내고 조금씩 숨통이 트이기 시작하자, 남편이 내게 새로운 제안을 건넸다. 주말에 하루 두어 시간, 어디라도 가서 혼자 시간을 보내다 오라고. 물론 나도 남편에게 똑같은 시간을 줘야 한다는 것쯤은 알고 있었다. 그렇게 시작된 것이 '교대 휴식제'이다. 미국에는 아이를 떼어 놓고 여자들끼리 모여 노는 '여자들의 밤', 남자들끼리 모여 노는 '남자들의 밤' 같은 것들이 있는데, 우리도 우리끼리 그걸 해보기로 한 것이다.

　남편은 원래 산에 오르는 걸 좋아하는 '바깥형' 인간인데, 사는 동네엔 산이 없어서 대신 자전거를 타고 동네 숲, 호숫가에 바람 쐬러 갔다 오는 걸 좋아한다. 반면 나는 뭘 해도 실내에서 하는 걸 더 좋아하는 '실내형' 인간이라, 남편이 어디라도 나갔다가 오라고 제안하면 책 한 권 들고 집 근처 커피숍에 간다. 커피 마시는 데 돈 쓰기 아깝거나 움직이기 귀찮을 땐 그냥 침실에 들어가 문 닫아 놓고 엎드려 책을 읽는다. 가끔은 스케일이 커지기도 한다. 남편은 학교의 저렴한 여행 프로그램을 이용해 1박 2일로 다른 주에 견학 겸 여행을 갔다 왔고, 나는 친구를 따라 인근 대도시에서 열리는 콘퍼런스에 다녀오기도 했다. 내가 학교에서 하는 뮤지컬이나 합창 공연을 보고 오면, 남편은 혼자 동네 영화관에 가서 영화 한 편을 보고 왔다. 남편이 동네 바bar에 가서 친구와 술 한잔하고 오면, 나도 친구와 같은 바에 가서 한잔했다. 그렇게 상대방이 나가 있는 동안, 집에 남은 사람은 아이를 먹이고 함께 놀고 아이 낮잠, 밤잠도 재운다. 교대 휴식제 동안엔 서로 문자며 전화도 잘 하지 않는다. 그 시간만큼은 집에 아무 신경 쓰지 않게, 맘 편히 실컷 놀다 올 수 있게 하고 싶은 마음 때문이다. 친구와 술 마시며 수다 떠느라 밤 12시 넘어 집에 들어와 보면 빨래와 장난감 정리까지 말끔히 해놓은 남편이 아이 곁에 잠들어 있곤 했다.

물론 우리가 이런 시간을 각자 자주 가질 수 있는 이유는 평소 가사와 육아 분담에 대한 협의와 공조 체제가 잘 되어 있기 때문이다. 그리고 이런 제도를 도입하고 유지하는 것보다 더 중요한 건, 각자의 생활·양육 방식을 이해하고 존중하는 일, 나아가 서로의 노고를 인정하는 태도인 것 같다. 우리 가정에 이 제도가 처음 도입됐을 때, 솔직히 나는 남편을 미덥지 않아 하는 부분이 있었다. 집안일은 잘하지만 아이 돌보는 일에는 나보다 인내심이 떨어지는 남편이어서, 남편이 아이를 돌보는 방식에 불만이 있었기 때문이다. 그래서 침실에 들어가 책을 읽다가도 남편이 어떤 사안에 대해 쉽게 아이의 요구에 타협하거나 아이에게 격한 반응을 보인다 싶으면 바로 방문을 열고 나가 핀잔했다. 그렇게 몇 번 하다 보니 '이래선 안 되겠구나' 싶었다. 내가 온전히 그를 믿고 아이를 맡기지 않으면 내 시간을 가질 기회를 나 스스로 망쳐 버릴 수도 있겠단 생각이 퍼뜩 들었다. 게다가 상대방에게 '자기만의 시간'을 주자는 취지에서 시작된 일이니만큼 이때만큼은 아이가 아니라 온전히 상대방을 위해 배려하고 배려받는 시간이 되어야 했다. 평일엔 공부하고 일하느라 바쁘고 피곤한 남편이 주말의 몇 시간 육아를 전담하겠다고 자청했으니, 그에게 편하고 즐거운 방식으로 아이를 돌볼 수 있게 해줘야 한다. 나는 이 시간 동안 잘 쉬고, 그렇게 재충전한 몸과 마음으로 다시 아이에게 돌아갈 수 있으면 된다.

이번에 7주간의 연구 일정으로 집을 비우면서, 남편이 내게 작은 책자를 내밀었다. 다음 학기에 학교 안팎에서 열리는 뮤지컬·연극 공연 목록이 담긴 책자였다. 7주간은 자기 없이 혼자 고생하니, 다음 학기에도 틈틈이, 나만의 시간을 내주겠다고 했다. 나는 그에 보답하는 마음으로 뮤지컬 한 편, 연극 한 편을 기꺼이 찜해 두었다. 공연 날짜는 아직 한참 멀었는데, 벌써 기대가 된다. 혼자 느긋한 걸음으로 캠퍼스에 가 모르는 사람 무리에 섞여 공연을 볼 그날이. 그렇게 혼자 시간을 보내고 들어오는 날엔 잠든 아이 얼굴이 더 사랑스러워 보인다는 것쯤은, 두말하면 입 아픈 얘기!

페파 피그 육아법: 엄마도 아빠도 같이 놀자

가끔 버스를 타고 시내의 큰 놀이터에 나가면 아이들을 데리고 나온 아시아인 엄마 아빠를 종종 볼 수 있다. 그런데 그 엄마 아빠에겐 눈에 띄는 공통점이 있다. 아빠들은 대개 벤치에 앉아 스마트폰을 들여다보고, 엄마들은 아이 뒤를 따라다니며 아이에게 주의를 시키느라 바쁘다. 오늘도 아이를 데리고 나간 놀이터에서 같은 장면을 목격했다. 물이 뿜어져 나오는 바닥 분수대 옆에 퍼질러 앉아 노느라 바지를 적신 아이 옆으로 다른 아이가 종종걸음으로 스쳐 간 지 몇 초 되지 않아, 낯익은 말이 귀에 쏙 들어왔다. "옷 젖는다. 옷 안 젖게 조심해!"

물을 만져 보려고 바닥 분수대에 다가서는 아이와 옷이 젖지 않게 하라고 외치는 엄마. 귓전을 때리는 모국어의 힘이 나를 강력하게 끌어당겼지만 애써 모른 척, 못 들은 척했다. 엉덩이를 바닥에 붙이고 손으로 물을 첨벙이며 '앗 차거!'를 연발하는 아이 때문에 우리가 한국인인 것은 이미 드러났겠지만, 괜히 눈 마주치기라도 하면 나나 그쪽이나 서로 민망해질 것 같았다. 근처에 앉아 있던 또 다른 아시아인 가정은 아빠가 아이들을 데리고 나온 경우였는데, 이 아빠는 아이들이 뛰어노는 내내 고개를 푹 숙이고 스마트폰만 들여다보고 있었다.

그런가 하면 미국인 엄마 아빠는 아이를 풀어놓고 어른들끼리 벤치에 앉아 수다를 떠는 경우가 많다. 그러다 자기 아이가 다른 아이 놀이에 방해되는 게 보이면 아이 대신 나서서 상황 정리를 한다. 소란 피우는 아이를 진정시키고, 설득하고, 다른 아이에게 방해가 되었다면 직접 사과하고 양해를 구하는 등, 필요한 조치를 모두 취하고는 아이를 데리고 간다. 물론 아이를 완전히 내버려 둔 채 구석에서 담배를 피우거나 전화 통화를 하는 사람도 종종 있지만, 많은 경우 아이가 잡아끌면 아이 곁에 머물며 손뼉 쳐주고, 맨발로 모래밭을 뛰거나 옷이 젖도록 물장난을 해도 그러려니 하는 편이다. 하지만 아이가 남에게 폐가 된다 싶으면 얼른 개입해 상황을 정리하는 걸 볼 수 있다.

성급한 일반화일 수도 있지만, '아시아식' 육아와 '미국식' 육아를 눈앞에서 번갈아 보다 보면, 두 쪽 다 내겐 불편한 지점이 있다. 아이가 다른 아이를 방해해도 알지 못한 채 스마트폰에만 열중하는 아빠, 아이가 아무런 '사고'도 치지 않았는데 자꾸

주의를 시키며 아이 뒤를 졸졸 따라다니는 엄마, 그리고 아이들끼리 해결할 기회를 주지 않은 채 어른이 나서 중재한 뒤 아이를 데리고 가버리는 부모. 언뜻 보면 전자의 경우는 미리 조심시키는 것이니 나쁠 게 없고, 후자의 경우는 사건이 벌어졌을 때 정중하게 처리하는 법을 보여 주는 것이니 또 나쁠 게 없어 보이지만, 내가 보기엔 두 쪽 다 중요한 게 빠져 있는 것 같다.

유아기 아이를 둔 부모가 아이를 데리고 바깥에 놀러 나왔을 때 해야 할 일은 '아이와 함께 놀기'라고 생각한다. 모르쇠로 내버려 두거나 따라다니며 감시하는 것이 아니라 아이와 함께 옷을 버려 가며 뛰어놀기. 어른으로서 아이 행동을 제지하거나 중재하는 것이 아니라, 아이 눈높이에서 생각하고 아이에게 문제해결의 기회를 주는 것. 나는 그런 것을, 다른 데서가 아니라 〈페파 피그〉Peppa Pig라는 애니메이션을 보고 배웠다.

페파와 페파의 동생 조지가 제일 좋아하는 놀이는 비 온 뒤에 생긴 물웅덩이에서 첨벙거리며 노는 일이다. 비가 온 뒤면 페파 엄마는 아이들에게 장화를 주며 밖에 나가 놀라고 한다. 심지어 비 맞으며 물웅덩이에서 놀고 싶어 하는 아이들에게 엄마는 "안 돼"라는 말 대신 비옷과 방수 모자를 챙겨 준다. 진흙 범벅이 된 이 개구쟁이 아이들이 현관문을 열고 들어와 "아빠, 우리 뭐 하고 왔게~요?"라고 물으면 아빠는 자못 진지하게 "음, 글쎄……. TV 봤니?"라고 받아치고, 아이들이 진흙 놀이를 했다고 밝히면 태연히 말한다. "그랬구나, 괜찮아, 진흙인 걸, 뭐. 닦으면 돼." 그리고는 아이들 요청에 따라 엄마 아빠 모두 장화를 신고 나가 커다란 물웅덩이에서 뛰어논다.

내가 좋아하는 또 다른 장면에선 아빠가 프라이팬을 과하게 휘두르는 바람에 부엌 천장에 팬케이크가 들러붙는 장면이 나온다. 아이들이나 할 법한 행동을 아빠가 하고, 그런 아빠를 보고 와하하 웃는 아이들의 모습이 몇 번을 봐도 재미있다. 천장에 들러붙어 떨어지지 않는 팬케이크를 떼어 내기 위해 엄마와 아이들이 위층 침실에 가서 쿵쿵거리며 점프하는 그다음 장면은 또 어찌나 기발한지. 아이들 눈높이에서 생각하고 그림을 구상했을 작가의 모습이 떠올라 기분이 좋아진다. 아이들이 부엌 놀이며 병원 놀이를 하면 부모도 거기 끼어 맞장구치며 놀고, 오히려 아이가 부모에게 "에이, 아빠. 이거 그냥 놀이에요, 놀이! 내가 진짜 의사가 된 게 아니라고요!"라며 타박하는 모습이 재미있다.

이 〈페파 피그〉시리즈는 거의 모든 에피소드가 온 가족이 와하하 웃는 장면으로 끝나는데, 나는 특히 그 부분을 좋아한다. 온 가족이 바닥에 드러누워 팔다리를 흔들며 박장대소하는 장면을 볼 때마다, 저렇게 같이 와하하 웃고 뒹구는 엄마 아빠와 함께 사는 아이들이라면 행복하지 않을 수 없을 거란 생각을 한다. 결국 행복한 아이로 기르는 가장 중요한 요소는 부모가 아이와 함께 얼마나 자주 즐겁게, 온몸 온 마음으로 웃을 수 있는지가 아닐까.

최근, 부쩍 바쁜 남편과 훌쩍 자라 버린 아이 사이에서 몸과 마음이 지칠 때마다 〈페파 피그〉를 떠올렸다. 어린 아기들과 놀기엔 너무 커버린, 하지만 그렇다고 형, 누나들과 놀기엔 아직 너무 어린, 만 두 살 반 아이에게 요즘 나는 하나뿐인 놀이 동무다. 자동차 놀이도, 물놀이도, 점프도, 우다다 뛰기도, 미끄럼틀 타기도, 모래 놀이도 꼭 나와 함께하기 원하고, 실내에서 놀 때도 꼭 상대역이 필요한 전화 놀이, 병원 놀이나 소꿉놀이를 하고 싶어 하니 도무지 빠져나갈 구멍이 없다. 집안일을 하려고 해도 꼭 옆에 붙어 "내가!"를 외치는 탓에 설거지도 청소도 요리도 모두 '같이'해야 한다. 가뜩이나 내 개인 시간이 하루 두 시간 남짓밖에 나지 않으니 책 한 장 못 읽고 글 한 줄 못 쓴 채 하루를 넘기는 때가 다반사다. 그래서 괜스레 아이가 미워지고 내 신세가 한없이 처량해지던 찰나, 불현듯 나를 깨운 것이 바로 〈페파 피그〉였다. 페파와 페파의 엄마 아빠를 떠올리며 생각했다. 그래, 놀자. 아이와 놀아야 할 땐, 다른 거 생각하지 말고 그냥 내려놓고 놀자. 억지로 책 한 장 더 읽겠다고 버티다가 결국 좌절되어 짜증 내지 말고, 그냥 내려놓고 놀자.

육아 햇수가 쌓이니 육아를 할 때 가장 필요한 건 '힘 빼기'라는 생각이 점점 더 든다. 아이에게 '말 걸어 주기'가 아니라 일상적으로 '대화하기', '놀아 주기'가 아니라 함께 '놀기'가 될 때, 어른이고 부모이기에 가질 수밖에 없는 욕심, 불안, 조급함, 간섭하고 싶은 마음을 하나씩 내려놓을 때, 아이 마음에 좀 더 가까이 다가갈 수 있다. 물론 부모도 부모이기 이전에 그저 한 인간인지라 나 하고 싶은 거 하며 편히 쉬고 싶은 욕망이 드는 건 당연하고 어쩔 수 없는 일이다. 하지만 두세 살 꼬꼬마와 실랑이하느라 아이가 있는 삶을 원망하거나, 또 그런 원망을 잠깐 했다고 해서 나중에 괜한 자책을 하느니보다, 내 욕구를 잠시 미뤄두는 편이 여러모로 낫다. 그러니 놀자. 아이와 놀 때만큼은 유치하고 여유롭게, 이왕이면 온몸 온 마음을 다해 놀자. 그리고 아이가 잠들면, 아이가 조금 더 커서 내 품을 떠나면, 잊지 않고 되찾아 오자. 하고 싶은 일, 원하는 것, 그리고 잠시 미뤄 두었던 나의 꿈을.

유아기 아이와 사는 법

유아기 아이와 살기, 쉽지 않다. 그러니 한국에서는 '미운 네 살,' 미국에서는 '테러블 투'terrible two 같은 말이 부모들 사이에서 떠돈다. 웬만한 건 말로 의사 표시할 수 있으니 한마디도 지지 않으려 하고, 아직 한참 어리면서 막상 어른들이 애 취급하면 드러내 놓고 싫어하는 시기. 가뜩이나 체력적으로나 정신적으로 지치는데 이런 아이와 매번 실랑이하며 힘 뺄 수는 없다. 전략이 필요하다. 거창하고 세심한 전략을 말하는 건 아니다(그런 게 있다면 공유 바란다).

우리 집에는 아이가 태어난 직후부터 적용해 온 여러 원칙이 있는데, 나중에 보니 몬테소리의 철학과 맞닿는 부분이 많았다. 내가 몬테소리의 저작을 여러 권 찾아 읽게 된 이유도 바로 그런 유사점 때문이다. 그래서 소개하는, 그간 우리가 지켜 온 육아 전략 몇 가지.

첫째, 아이에게 말 걸고 이야기하면서 행동하기
아기 적부터 기저귀를 갈 때나 씻을 때나 재울 때, 먹을 때, 병원에 갈 때 우리는 그때그때 왜, 무슨 일을 할 것인지 이야기하곤 했다. 특히 우리의 계획이나 반복되는 일상에 관한 이야기를 많이 했다. 임신 중에 읽었던 어느 책*에서 갓난아이에게 갑자기 얼굴을 들이밀거나 말없이 옷을 갈아입히고 기저귀를 가는 행위가 아이에겐 때로 위협적일 수 있다는 대목을 접했기 때문이다. 그래서인지 이제 아이는 매일 반복되는 일들과 계획된 일정을 스스로 인식하고 따르는 데 능숙하다. 외출하고 집에 오면 옷을 차례로 갈아입고 옷과 신발을 제자리에 놓고 손을 씻는 일련의 과정을 다 마친 다음에야 다른 일을 할 수 있다는 것을 알기에, 그에 맞추어 행동한다.

어떤 때는 스스로 일을 계획하고 그에 따라 움직이기도 한다. 아침밥을 먹으며 "오늘 뭐 할까?" 물으면 "아침엔 블록 놀이를 좀 하고 그다음에 놀이터 가서 놀 거야"라고 답하고는 실제로 그렇게 움직인다. 서로의 계획과 기대를 공유하면서 한쪽이

---

* 버지니아 사티어, 『사람 만들기』, 송준 옮김, 홍익재, 2002.

일방적으로 다른 한쪽에 맞추는 일을 줄이다 보니 아이와 감정적으로 부딪힐 일이 줄었다. 부작용이 있다면, 눈 뜨자마자 그날의 계획과 일정을 꼬치꼬치 묻는 아이에게 마치 비서가 일정 보고하듯 일일이 다 설명해 줘야 한다는 것!

둘째, 지시하기보단 협조를 구하기

아이에게 이래라저래라 지시하기보다는 협조를 구하는 편이 계획을 실행하거나 좋은 습관을 들이는 데 도움이 된다. 한창 제 의지로 무언가 하는 데 의미를 두는 유아기 아이에게 명령이나 지시는 잘 먹혀들지 않는다. 내게는 이게 어려운데, 30년을 모난 말투의 소유자로 살아온 나로서는 "~해 줄래?" 같은 부드러운 투가 입에 잘 붙지 않기 때문. 그래서 찾은 방법이 하나 있다. 어느 책*에서 일러 주기를, 명령이나 지적보다는 될 수 있으면 상황을 그대로 묘사하는 편이 낫다고 한다. 가령 신발이 현관문 앞에서 뒹굴고 있을 때 "신발 올려놔야지!" 하면 명령조일 뿐 아니라 이미 아이가 알고 있는 사실을 지적하는 것이기도 해서 아이의 반감을 사기 쉽다. 그럴 때 "어? 신발이 현관문 앞에 뒹굴고 있네?" 하고 넌지시 그 상황을 묘사하는 편이 아이의 관심

◆ 아델 페이버·일레인 마즐리시, 『하루 10분 자존감을 높이는 기적의 대화』*How To Talk So Kids Will Listen & Listen So Kids Will Talk*, 김혜선 옮김, 푸른육아, 2013.

과 협조를 유도하는 데 도움이 된다고 한다.

실제로 우리 집에서 이 전략을 써보니 정말 그랬다. 아이는 바로 "아, 그러네. 잊어버렸다"라고 머쓱한 웃음을 지으며 신발을 제자리에 올려놓는다. 부작용이 있다면, 제가 하기 싫은 일을 엄마 아빠에게 시킬 때도 이 전략을 그대로 사용한다는 것. "엄마, 신발 좀 봐! 저게 왜 저기 있지?"라면서 나의 협조를 강요하는 아이를 마주하면 대·략·난·감이다.

셋째, 짐작하기보단 관찰하고, 가르치기보단 본보기가 되기

아이가 무엇을 좋아하고 잘하는지, 무엇을 왜 원하는지를 가만히 들여다보면 아이와 무엇을 하며 놀아야 할지, 아이에게 어떤 자극을 주어야 할지 답이 나온다. 또래 다른 아이가 무엇을 할 줄 알거나 좋아한다고 해서 내 아이에게도 같은 것을 쥐여 줄 필요는 없는데, 집마다 같은 장난감, 같은 책을 갖춰 놓고 있는 모습을 종종 마주한다. 하지만 남의 집에 갔을 때 하나의 장난감을 놓고 아이들이 서로 싸웠다고 해서 우리 집에 똑같은 장난감을 갖출 필요는 없다. 아이들이 같은 장난감을 놓고 실랑이를 벌이는 이유는 상황과 장소, 놀이 상대, 놀이의 흐름, 감정 상태에 따라 제각각이기 때문이다. 그러니 막상 같은 장난감을 사줘도 집에서는 거들떠보지도 않는 일이 벌어지는 것.

그러니 남과의 비교나 육아서에 나온 내용으로 '아, 우리 아이도 저걸 해줘야겠구나' 생각하기보다는 시간을 두고 관찰하

면서 아이가 정말 원하는 것, 아이에게 지금 필요한 것이 무엇인지 알아 가는 편이 가정 경제와 평화(!)를 지키는 데 도움이 된다. 발달이나 학습도 마찬가지다. 다른 집 아이, 혹은 시중의 육아서와 비교하면서 똑같이 가르치기보다는 생활 속에서 반복적으로 익힐 수 있는 것을 중심으로 부모가 본을 보이면 힘도 돈도 덜 들일 수 있다. 특히 유아기 아이에게는 '학습'에 해당하는 내용보다는 스스로 하기, 자기 관리와 정리 정돈하기, 실내·실외 활동 시 필요한 여러 규칙 익히기 등 일상적인 내용을 반복적으로 받아들이게 하는 것이 더 중요하다. 부작용이 있다면, 아이 역시 부모를 자세히 관찰하며 배워 나가기 때문에 말과 행동을 감시당한다는 느낌을 받을 수 있는 것. 일례로 우리 집 제1 규칙이 '던질 수 있는 물건은 공과 풍선뿐!'인데, 엄마 아빠가 무심결에 신문이나 잡지, 가벼운 장난감 따위를 휘릭 날려 던졌다가는 당장 "그러면 안 되지! 우리 집에선 공만 던질 수 있는데!" 하고 타박이 날아온다.

넷째, 재촉하기보단 기다리기

유아기 아이가 옷 갈아입기, 세수·양치하기, 방 정리하기, 안전하게 승하차하기, 안전하게 걷기 등 일상에서 꼭 필요한 습관을 익히는 데는 상당한 시일과 노력이 든다. 그럴수록 항상 아이에게 "기다릴게" "천천히 해"라고 말하고 기다리는 것이 중요하다. 아이가 서툴다고 해서, 혹은 시간이 없다고 해서 자꾸 대신해 주거나 안전을 이유로 무언가를 못 하게 하기보다는 뭐든 스스로 해보고 판단하고 행동할 수 있도록 두는 편이 좋다. 물론 처음엔 힘이 들지만, 시간이 쌓이면 결국 아이는 많은 걸 혼자 해낼 수 있게 되고, 양육자로서 할 일이 조금이나마 빨리 줄어드는 효과를 볼 수 있다. 어디 그뿐인가, 나중엔 우리처럼 아이가 먼저 "나, 이거 혼자 할 건데 좀 오래 걸릴 것 같아. 기다릴 수 있어?"라고 양해(!)를 구하는 신통방통한 광경을 목격할 수 있다. 아이가 한 가지 과제에 충분히 시간을 들여 연습할 수 있게 되면 생각보다 이른 시일 내에 그 과제를 완수하고 다음 단계로 넘어간다.

도움이 필요할 땐 말하라고 늘 먼저 일러두는 것도 중요하다. 그래야 아이가 어려운 과제를 수행해 본 다음, 필요할 때는 적극적으로 도움을 청할 수 있기 때문이다. 엄마 아빠가 늘 자신을 믿고 존중해 무엇이든 혼자 할 수 있게 해주면서도 도움이 필요할 땐 즉각적으로 응답한다는 느낌, 그런 믿음을 쌓아 가는 데 중요한 전략이다.

이렇게 죽 나열하고 보니 결국 이 모든 전략을 포괄하는 건 인내와 여유다. 바쁜 하루하루를 보내는 요즘 엄마 아빠에게 인내와 여유를 주문하는 건 사치스러운 일인지도 모른다. 하지만 인내와 여유가 정서적·물리적 양육 조건에만 좌우되는 건 아니다. 박사과정 학생이자 강사인 남편이 한 달 벌어 세 식구가 한 달 사는, 양가로부터 도움을 받지 않고 우리끼리, 그것도 희소 질환과 함께 사는 우리가 남들보다 특별히 더 풍요로운 양육 조건을 가졌을 리 없다.

아이를 기르는 데 있어 정서적·물리적 조건보다 더 중요한 것은 아이를 온전히 개별 주체로 인식하는 일이다. 아이를 어른보다 무엇이든 서툴고 미숙한 존재라고 여기면, 아이에게 말 걸고 협조를 구하기보다 어른 말을 들으라고 강요하고 지시하게 된다. 아이를 무조건 보호하고 사랑할 대상으로만 여기면, 아이가 도움을 청하기도 전에 무엇이든 대신해 주거나 편하고 안전한 길을 미리 찾아 주게 된다. 그런 일이 반복되고 오래되면, 아이는 제 발로 세상 밖에 나가는 법을 알지 못한 채 부모 곁을 영영 맴돌게 될지도 모른다. 모든 아이는 결국 부모의 품을 떠나 세상 밖으로 나가야 하는 존재. 나는 그 첫걸음을 유아기 아이에게서 보았다.

욱하지 말자, 그냥 화를 내자

언젠가 『못 참는 아이, 욱하는 부모』라는 책이 화제가 되던 때다. 책을 구해 읽을 수 없어 몇몇 서평을 찾아봤는데, 여러 독자가 욱하는 자신을 탓하며 아이에게 미안해하고 있었다. 내가 이렇게 욱하면 아이 정서에 나쁘겠구나, 내가 잘해야겠구나, 하는 반성이 담긴 서평을 보며 한 가지 의문을 품었다. 부모가 욱하는 게 문제라면, 대안은 '욱하지 않기' '아이에게 더 잘하기'가 아니라 '솔직하고 차분하게 화내기'가 되어야 하지 않을까 하는 생각이었다. 우리가 흔히 '욱하다'라고 표현하는 갑작스럽고 격한 감정 분출은 사실 억지로 참아서 생기는 것 아닌가?

얼마 전 다른 엄마들 사이의 대화를 어깨너머로 듣던 중 다시 같은 의문이 들었다. 화가 나는데 어쩔 도리가 없어서 꾹 참으려니 마음이 힘들다는 한 엄마와 훈육을 하되 너무 과하게 화내지 않도록 무표정·무감정으로 아이를 대한다는 다른 엄마, 그리고 이런 이야기를 나누는 중에도 아이에게 끊임없이 겁주고 비난하며 나무라는 또 다른 엄마를 보며 생각에 빠졌다. 무조건 꾹 참지도, 무표정·무감정으로 대하지도 않으면서 아무런 비난이나 협박 없이 아이와 양육자의 감정을 모두 헤아릴 방법이 있지 않을까?

아이에게 시시콜콜 이야기하는 습관을 들여와서인지, 우리 집에서는 훈육할 때도 말로 조목조목 이야기하는 편이다. 물론 공이 들고, 시간이 걸리는 일이다. 몇 번이고 같은 상황이 벌어질 때, 같은 얘기를 수없이 반복해서 하는 게 쉽지만은 않다. 때로는 아이에게나 우리에게 심적으로 부담될 때도 있었지만, 그간의 노력이 쌓인 덕에 지금은 훨씬 수월해졌다. 부모도 감정이 있다는 걸, 부모에게도 감정이 쉽게 격해지는 때가 있다는 걸 아이가 알고 있기 때문이다.

가령 나는 피곤하고 졸릴 때 아이가 치근거리면 쉽게 짜증이 나는데, 그럴 때 "엄마 지금 너무 피곤해. 그래서 지금 자꾸 말 걸면 짜증 나. 엄마도 좀 쉬자"라고 말하면, 아이는 그 말이 서운한지 울먹울먹하다가도 이내 "그럼 엄마, 누워서 좀 쉬어"한다. 침실에서 베개와 이불을 끌어다 가져다주기도 하면서. 어떤 일로 화가 날 때 나는 아이에게 솔직히 이야기한다. "엄마 지금 화났어. 너랑 말 안 하고 싶어. 혼자 있을래." 아이는 울먹울먹하면서도 "알았어" 하고는 저쪽으로 가서 눈치껏 조용히 논다. 그러다 시간이 흐른 뒤 내가 다가가면 엄마 기분이 풀린 것을 알아채고 다시 함께 논다. 매번 그러는 건 아니지만, "엄마 지금 네가 한 말(행동) 때문에 화났어"라고 말하면 곧장 "엄마, 미안해" 할 때도 있다.

수면 훈련을 할 때도 그랬다. 만 세 살이 넘었는데도 잠이 완전히 들 때까지 엄마나 아빠가 함께 있어 주기를 바라는 아이 때문에 자유 시간이 좀처럼 늘지 않아서 힘들어하던 어느 날이었다. 그날 아이 재우기를 맡았던 남편은 몇 차례 실랑이 끝에 결국 아이를 침실에서 데리고 나와 소파에 앉혔다. 그리고는 화를 내며 말했다. "네가 잠자는 시간에 엄마나 아빠가 항상 같이 잘 수는 없어. 엄마 아빠는 어른이잖아. 어른이 잠자는 시간이랑 어린이가 잠자는 시간은 달라. 매일 밤 엄마 아빠한테 옆에 있으라고 하면 엄마 아빠 힘들고 짜증 나."

아이는 잠잘 무렵 시작된 갑작스러운 훈육에 훌쩍훌쩍 울었고, 나 역시 그 장면을 보고 있자니 마음이 불편했다. 사실 나는 수면에 관한 한 아이를 억지로 밀어붙이기 싫다는 뜻을 고수하고 있었다. 그것도 결국은 때가 되면 아이 스스로 혼자 자게 되는 때가 온다고 생각했기 때문에 밤에 몇 번씩 소환을 당해도 어쩔 수 없다고 여겼다. 하지만 잠이 들었다 싶어 두고 나오려는 찰나, 아이가 눈을 뜨거나 몸을 뒤척이는 바람에 다시 아이 곁에 누워야 하는 날이 삼 년 넘게 매일같이 반복되니 몸도 마음도 지친 상태였다. 게다가 그런 지친 마음은 곧잘 짜증으로 표현되었기 때문에 밤이 되면 신경이 날카로워져 남편과도 틀어지기 쉬웠다. 남편이 나의 불편한 내색에도 아랑곳하지 않고 그날 밤 작정하고 수면 훈련에 돌입한 것도 그래서였다. 남편은 서럽고 무서워서 엉엉 우는 아이에게 단호하게 말했다. "다 울고 진정하면 혼자 들어가서 자는 거야." 그 과정을 며칠 반복했더니 아이는 드디어 혼자 잠이 들었고, 우리는 비로소 아이를 침실에 두고 거실에 나와 각자 할 일을 하는 시간을 즐길 수 있게 되었다.

소위 '감정 코칭' 육아법은 아이의 감정을 잘 읽어 주고 아이가 충분히 그 감정을 느끼고 표출할 수 있도록 해줘야 한다고 강조하는데, 내 생각에 감정 코칭은 어른인 양육자에게도 꼭 필요한 일이다. 어른이라고 해서 언제나 모든 부문에서 고도의 성숙함을 발휘할 수 있는 건 아니다. 특히 아이와 종일 부대껴야 하는 상황에 놓인 양육자라면 하루에도 여러 차례 화나고 짜증 나는 일을 겪을 수밖에 없다. 그럴 때 할 일은 화를 억지로 참는 것, 그 감정을 없는 셈 치고 무표정으로 아이를 대하는 것, 아이에게 고함치거나 때리거나 협박하는 것이 아니라, 그저 그 감정을 차분하게, 말과 표정으로 정확히 전달하는 일이다.

그래야 어른도 자신이 왜, 무엇 때문에 화가 났는지 정확히 알 수 있고, 아이 역시 그 마음을 이해하게 된다고 나는 믿는다. 자신의 감정에 충실해 본 아이일수록, 또 가까운 사람들과의 관계에서 타인의 감정을 겪어 본 아이일수록 타인의 존재를, 타인의 마음을 좀 더 가까이, 깊게 받아들일 수 있다고도 믿는다. 흔히 요즘 '분노 조절 장애' 사회에 살고 있다고들 하는데, 분노 조절이 잘되지 않는 이유는 그만큼 분노를 제대로 인지하거나 충분히 표출해 본 경험이 없기 때문일 것이다. 욱하지 말고, 정확하고 차분하게, 아이에게 말해 주자. 엄마 아빠도 화나고 짜증 날 때가 있다고, 누구나 그런 거라고.

교구가 아니라 철학

한국에서도 미국에서도 몬테소리 유치원이나 몬테소리 교구는 제법 고가의 비용을 치러야 접근할 수 있다. 아이가 어린이집에서 가장 잘 갖고 노는 장난감이 있어 선생님에게 슬쩍 물어보니 한화로 7만 원이 넘는, 몬테소리 교구 전문점에서 나온 물건이라고 했다. 아이가 다니는 어린이집은 정부가 보조하는 무상 어린이집일 뿐, '몬테소리 어린이집'이 아니다. 그런데도 교구와 장난감 대부분을 몬테소리 교구 제작 업체를 통해 들일 만큼, 미국에서도 몬테소리 교구는 주목받고 있다.

사정이 이렇다 보니 한국에서도 미국에서도 몬테소리 하면 시중에 판매되는 몬테소리 교구나 몬테소리 유치원 등 일종의 브랜드가 되어 버린 몬테소리 교육을 떠올리기 쉽다. 우리 동네 몬테소리 유치원은 일 년 원비가 한화로 7백만 원에 달해 웬만한 가정에선 엄두도 낼 수 없는데, 입소문으로 들어 보면 책으로 접한 몬테소리의 철학과는 다소 다른 부분이 있는 것 같았다. 한국에는 유아기 아이들을 대상으로 '몬테소리 홈스쿨'이라는 프로그램이 있어 방문 교사가 집에 와서 몬테소리 교구를 가지고 도형이나 수 개념 등을 가르친다고도 들었다. 이런 고가의 교구와 커리큘럼에 과연 몬테소리의 철학이랄까 정신이 얼마나 반영되어 있을까. 어쩌면 거기서 몬테소리의 철학과 정신을 찾으려는 것 자체가 우스운 일일지도 모르겠다.

프로그램을 홍보하는 업계에서 가장 흔하게 쓰는 말이 '자기 주도 학습' '놀면서 배우는'이라는 문구인데, 내 생각엔 유아기 아이에게 '학습'에 가까운 활동을 하게 하는 것은 몬테소리 철학에 모순된다. 아이는 놀면서 배우기도 하지만, 아무것도 안 배우기도 한다. 그냥 놀기만 할 때도 있고, 그냥 막 노는 것 같은데 뜻밖에 무언가를 배우거나 깨닫기도 한다. 그게 당연하고 자연스럽다. 실제로 몬테소리가 수십 년 전 세워 둔 교구 활용법을 읽어 보면 아이가 스스로 선택한 교구를 가지고 활동을 시작하게 한 다음, 아이가 같은 교구를 활용해 고난도 작업을 할 준비가 되어 있는지, 흥미가 있는지 잘 관찰하는 것이 중요하다고 쓰여 있다. 그래서 준비가 되어 있지 않거나 흥미가 떨어져서 아이가 그만두고 싶어 하면 그만둘 수 있게 하고, 할 수 있다고 판단되면 다음 작업을 시연해 보이는 것까지가 교사의 역할이다. 교사는 일부러 가르치려 하지도, 미리 짐작하고 판단하지도 않아야 한다. 그리고 아이가 유독 흥미를 느끼는 작업이 있다면 그 작업을 아이 스스로 그만둘 때까지 방해하지 않는 것도 중요하다. 그러니까 유아기의 특성을 정말로 고려한다면, 굳이 번듯한 교구를 다양하게 갖춰 놓고, 방문 교사를 붙여 학습을 유도할 이유가 없다. 그보다는 일상생활에서 아이가 관심 있고 스스로 해보겠다고 나서는 활동을 얼마든지 해볼 수 있게 지켜보면 된다.

그리고 애초 몬테소리 교육법의 중점은 학습보다는 아이 스스로 자신의 몸과 마음을 관리하고 일상을 꾸려 가는 법을 익히게 하는 데 있었다. 몬테소리 어린이집 '까사 데 밤비니'Casa Dei Bambini의 시작은 이탈리아의 빈민가에서 부모가 일터에 나간 뒤 집에 남겨진 아이들에게 위생 관념과 생활 습관을 반복적으로 지도하고, 발달단계에 맞는 활동을 준비해 주는 것이었다. 그로부터 많은 시간이 흘렀고, 우리의 전반적인 생활수준은 1백여 년 전의 이탈리아 빈민 노동자 가정보다 월등히 높아졌다. 하지만 알다시피 우리는 많은 것을 부모가 대신해 주고 학습에만 몰두하는 환경에서 자라면서 자신을 돌볼 줄 모르는 어른으로 자랐고, 그런 우리가 낳은 다음 세대 역시 크게 다르지 않은 것을 지향하며 자라나고 있다. 몬테소리 교구·교재·유치원 등 유아기 교육에 관한 관심과 열광 뒤에는 학습과 조기교육·영재교육을 향한 지나친 집착이, 그리고 아이와 자녀를 어른과 부모의 통제 아래 두려는 욕망이 숨어 있는 것 같아 불편하다. 교사는 준비된

환경을 제공해 줄 뿐 아이 스스로 익히고 배우게 해야 한다던, 아이마다 각자에게 맞는 때와 속도가 있게 마련이라고 강조한 몬테소리의 철학은 다 어디로 갔을까.

틈틈이 몬테소리 교육법에 관심을 두고 책을 읽어 나가기 시작한 지 두 해쯤 되었지만, 우리 집엔 이렇다 할 교구가 없다. 우리 형편에 맞지 않게 터무니없이 비싸기도 하지만, 굳이 몬테소리 교구나 놀잇감을 구하기보다는 생활 속에서 몬테소리 철학을 활용할 수 있는 방법을 발견하는 데 집중하는 편이다. 그리고 무엇보다도 관찰, 자율, 본보기 같은 몬테소리의 중심 철학을 지키려고 노력하고 있다.

그러기 위해서 아이가 아기였을 적부터 해온 일이 아이가 노는 공간, 아이와 우리가 함께 생활하는 공간을 적절하게 배치하고 변경하는 일이었다. 책이든 장난감이든 얼마든지 스스로 꺼내어 갖고 놀 수 있게 하고, 모든 물건에는 나름의 '자리'라는 게 있다는 걸 자연스레 알게 했다. 그렇게 3, 4년을 함께 익혔더니 아이는 이제 청소하는 날이 되면 제 나름대로 자기 물건을 정리하면서 함께 청소한다. 제가 원하는 대로 사물이나 장난감 정리함의 위치를 바꿔 놓기도 하는데, 그럴 때 나는 굳이 그것을 원위치로 돌려놓지 않는다. 그림을 그리든 글씨를 쓰든 아이가 하고 싶은 것을, 하고 싶은 만큼 할 수 있게 하면서 아이가 직접 도움을 청하는 때를 제외하고는 굳이 개입하지 않는 것도 몬테소리의 영향이다. 아이 손이 닿는 부엌 서랍장 한 칸을 간식함으로 지정해 두고 자유롭게 꺼내 먹을 수 있도록 한 것도, 계절에 맞는 옷을 정리해 손이 닿는 곳에 넣어 두고 아이가 직접 그날그날의 옷을 골라 입게 하면서 아이의 선택을 될 수 있으면 존중하려고 애쓰는 것도 그래서다. 물론 가끔 빨간 티셔츠에 빨간 바지를 입겠다고 하면 당황스러움을 감추지 못하고 슬쩍 다른 색깔 티셔츠를 권해 보긴 하지만, 대체로 그냥 둔다.

그런데 '아이에겐 저마다 때가 있다' '아이를 유심히 관찰하고 존중하라'라는 몬테소리 교육 철학의 기본 원칙을 반복해서 듣다 보면 너무 아이에게만 집중하는 것으로, 그러니까 양육자의 삶은 중요하지 않단 뜻으로 여겨질 수도 있겠다. 하지만 몬테소리의 교육 방침에서 중심은 결코 '아이'에게 있는 게 아니라 개개인의 실제적 '삶'에 있다. 이때의 '삶'에는 아이뿐 아니라 양육자의 삶 역시 포함된다. 내가 결정적으로 몬테소리의 철학을 나의 육아 철학으로 삼게 된 이유도 이런 접근법이 아이가 일찍부터 자신을 돌보는 힘, 스스로 다음 과제를 찾고 수행하는 힘을 기를 수 있게 해줌으로써 양육자의 수고를 일찍, 그리고 많이 덜어 준다는 걸 깨달았기 때문이다. 가령 옷 입는 법을 알려 주고 몇 분이 되었든 기다리며 혼자 해보도록 내버려 두니 아이는 단 며칠 만에 혼자 입고 벗는 일을 익혀서 내 수고를 덜어 주었다. 갑자기 글씨를 쓰고 싶어 해 연습장을 만들어 줬더니 40여 분이 걸리는 통학 길 버스 안에서 열심히 쓰기 연습을 시작한 지 며칠 되었다. 물론 40분 내내 조용히 하는 건 아니어서 이런저런 요구를 들어주어야 하지만, 그래도 이게 어디란 말인가!

그래서 나는 오늘도 아이의 호기심과 장난과 에너지를 기꺼이 보아 넘기고 함께 놀며 관찰하려 애쓴다. 물론 엊그제처럼 대여섯 시간 내내 밖에서 놀아야 하는 때는 "으아 정말!" 소리가 절로 터져 나오지만, 그래도 괜찮다. 요즘은 놀이터에 가면 다른 아이들과 어울려 노는 아이를 멀찍이서 보며 벤치에 앉아 책 읽고 뜨개질할 수 있는 여유가 생기기도 하니까. 육아의 굴레에 갇혀 살다 보면 시간이 참 더디 간다 싶을 때가 많지만, 아이는 분명 조금씩 자라고 있다. 아이를 돌보는 일은 차차 아이를 세상에 내보내기 위한 준비 작업일 뿐이다. 서로에게 너무 얽매이지 않도록 자신을 돌보는 일. 그렇게 각자의 삶에 놓인 의미와 원동력을 찾아가는 일. 우리는 그저 이번 생에 주어진 각자의 하루를 살아갈 뿐이다.

로렌조와 케이티, 다르지만 같은 이름

20년 만에 영화 〈로렌조 오일〉Lorenzo's oil을 다시 보았다. 영화를 처음 본 건 내가 초등학생 때, 엄마와 함께였다. 기억나는 건 아픈 아이의 실제 투병 생활과 부모의 노력을 그린 영화라는 것과 부모가 발견한 치료 물질의 이름이 '로렌조 오일'이라는 것뿐이다. 이번엔 남편과 함께 봤다. 며칠 뒤 MRI를 찍게 될 아이를 안방에 재워 놓고서.

영화를 보는 내내 참 많이 울었다. 다섯 살의 생기 넘치던 꼬마 로렌조가 하루가 다르게 신체 기능을 잃고 삶의 빛이 꺼져 가는 모습을 보고 있으면 울지 않을 수 없었다. 우리 아이는 다리 한쪽, 몸 일부에 문제가 있을 뿐, 하루하루 죽음을 향해 다가가고 있진 않다. 그런데도 나는 때때로 마치 그 다리가 아이의 삶을 모두 망쳐 놓진 않을까, 이 몹쓸 병이 아이를 끝내 죽음으로 내몰지는 않을까 불안해진다. 혈전이 자주 생기다 보니 잘못되면 폐 색전증이 와서 죽기도 한다는데, 다리 길이 차이가 심하게 나면 다리를 절단해야 한다는데, 우리 아이가 정말 그렇게 되면 어쩌지 하면서. 좀처럼 쉴 줄 모르고 놀기만 하는 아이를 보면서 이 아이가 이렇게 열심히 노는 이유도 어쩌면 그래서일지 모른다는, 어리석고 불길한 생각을 할 때가 있다. 혹시 이렇게 온몸, 온 마음으로 자신을 불사르듯 놀다 어느 날 갑자기 풀썩 쓰러져 가려는 건 아닐까. 살아 숨 쉬는 동안 원 없이, 아픔 없이 열심히 웃고 장난치며 놀다 가려고, 그래서 그렇게 쉼도 잠도 없이 놀고 있는 건 아닐까.

그 때문에 출산 후 첫 몇 달은 무섭고 슬픈 꿈에 시달리기도 했다. 어느 날은 아이 다리와 팔이 모두 쭉쭉 길어지다 끝내 폭탄처럼 팡 터져 버리는 장면을, 또 어느 날은 다리 통증이 심해 울기만 하는 아이를 붙들고 나도 엉엉 우는 장면을 꿈속에서 만났다. 또 어느 날은 내 오른 다리를 아이의 오른 다리와 맞바꾸는 꿈을, 그래서 메스를 쥔 손으로 내 다리를 죽 그어 찢은 다음 피가 철철 흐르는 그 속에서 무언가를 끄집어내는 꿈을 꾸었다. 내가 이런데, 그야말로 분초를 다투어 죽음으로 내달리고 있는 아이를 보아야 했던 로렌조의 부모는 어떤 마음으로 하루하루를 살았을까. 감히 헤아릴 수조차 없었다.

하지만 이번에 이 영화를 다시 보았을 때 내게 가장 강렬하게 다가온 것은 로렌조 부모의 슬픔이나 고통이 아니라 그들의 끈질긴 지적 호기심과 남다른 의지였다. 로렌조의 부모는 당시 의학계에서 임상 시험 중이던 식이요법의 한계를 깨닫고 돌파구를 찾기 위해 각종 자료를 뒤져 공부하기 시작한다. 자나 깨나 논문을 들여다보고 의료계·학계 전문가들을 모아 토론을 벌이며 부부는 거대한 수수께끼를 조목조목 풀어 간다. 의학 자료 전문 도서관에 틀어박혀 의학·약학 전문 자료와 동물실험 결과를 뒤져 가며 그야말로 미친 듯이 공부한 부부는 마침내 이 질환에서 가장 문제가 되는 특정 지방산의 생성을 억제하는 데 효과가 있는, 이른바 '로렌조 오일'을 발견한다. 로렌조의 아빠가 도서관 한구석에 틀어박혀 클립 뭉치를 가지고 사슬 구조를 만들어 가며 지방산의 특성을 알아내려고 고군분투하는 모습을 보자니 그야말로 소름이 끼쳤다.

의학·생물학 전공자도 아니면서 어떻게 그렇게까지 공부할 수 있을까? 아들을 살리려는 의지? 아니, 그것만은 아니었을 것이다. 극 중 로렌조의 부모는 자주 내적 갈등을 일으킨다. 특히 로렌조의 엄마는 눈앞에서 죽어 가는 아들을 한 번이라도 더 껴안고 이야기하고 눈 맞추며 시간을 보내는 편이 이 병의 비밀을 파헤치는 것보다 낫지 않을까 하고 매번 번민한다. 그런데도 부부는 공부를 멈추지 않는다. 왜 그랬을까? 그건 아마 이 끔찍한 병이 무엇인지, 무엇 때문에 아이가 이토록 고통받아야 하는지 아무도 설명해 주지 못하는 상황에서 자신을 스스로 이해시키기 위해서였을 것이다. 왜 평범한 사람들에겐 문제가 되지 않을 것들이 내 아이에겐 생명의 위협이 되는지, 다가오는 죽음의 그림자를 조금이라도 막을 방법은 없는지, 꼬리에 꼬리를 무는 질문을 주체할 수 없었을 것이다. 아이가 눈앞에서 죽어 가고 있는데도 멈출 수 없었던, 아이의 죽음이 성큼 엄습해 오는데도 꺼지지 않던 그 질문, 호기심. 그것이 마침내는 아이를 살리는 길로 이어진 거다. 이 '끝없이 질문하기'와 그 질문에 대한 답을 찾으려는 의지, 그것은 결코 로렌조만을 위한 것이 아니었다. 부부는 알고 있었다. 어쩔 수 없이 로렌조를 일찍 보내게 되더라도, 그 이후에 있을 또 다른 '로렌조'들을 위해 계속해야 하는 일이라는 것을.

나는 부부의 심정을, 그 고집스러움을 너무나 잘 이해할 수 있을 것 같았다. 우리 부부 역시 아이의 진단명을 듣고 난 뒤로 틈틈이 공부한다. 아이 발에 통증이 찾아와도, 허리·배·엉덩이·다리 곳곳에 불룩한 덩어리가 뭉쳤다가 사라져도, 몸 곳곳에 번져 있는 붉은 얼룩 위에 물집과 출혈이 생기고 딱지가 졌다가 떨어져도, 그게 왜 생기며 어떻게 조치해야 하는지 아무도 말해 주지 못한다. 대부분 "위험한 건 아니니 그냥 지켜보면 된다"라는 설명을 듣는데, 위험한지 아닌지와는 별개로 우리는 그게 '왜' 그런지 궁금하다. 그러다 보니 우리는 늘 질문을 안고 산다. 처음엔 '대체 아이 몸에 무슨 일이 일어나고 있는 걸까?' '이건 왜 생기는 걸까?' 하는 정도의, 범위가 넓은 질문이 많았다. 그런데

한 해, 두 해 이 병과 함께하는 시간이 더 늘어 가면서 질문은 점차 구체적으로 변해 가기 시작했다. '멍이 드는 것과 혈전이 생기는 것은 어떻게 다른 걸까?' '림프 마사지는 왜 이런 순서로 하라고 하는 걸까?' '다리뼈가 과도하게 길어지는 건 무엇과 관련이 있는 걸까?' 등등. 그러다 보면 우선 인체가 어떻게 이루어져 있고 어떻게 작동하는지를 알아야 했다. 그래서 집에 생물학·생리학·해부학 등의 관련 기초 서적을 갖춰 두고 조금씩 읽어 나가고 있다.

1900년에 처음 명명된 이후 지금까지 이렇다 할 치료법이 나와 있지 않은 이 특이한 질환은 우리 부부에게 던져진 일생의 숙제나 다름없다. 지금 이 순간에도 세계 곳곳에는 아이와 같은 병을 안고 태어나는 아이들이 있고, 슬프게도 아이와 그 아이들 모두 답이 없는 고통 속에 던져져 있다. 원천적으로 KT의 탄생을 막을 방법이 없다면, 앞으로 태어날 또 다른 KT들이 덜 아프게, 덜 힘들게 살 수 있어야 한다. 이것이 내가 어딘가에서 같은 운명을 지고 사는 사람들을 찾아내 말 걸고 손 내밀고 싶은 이유다. 때론 비틀거릴지라도 그들과 함께 공부하고, 같이 목소리 높이며, 꿋꿋이 걸어 나가고 싶다.

보이는 것이 다가 아니다

며칠째 아이가 아프다. 시작은 배탈이었다. 갑자기 기온이 뚝 떨어진 어느 밤, 평소 습관처럼 이불을 다 걷어 내고 잠을 잔 게 화근이었다. 아이는 KT 때문에 하체의 피부 온도가 약간 높은 편이라, 한겨울이 아니면 이불을 덮지 않는 편이 숙면을 돕는다. 아마 그날 밤에는 아이의 배가 찬 공기에 그대로 노출되었던 모양이다. 그런 줄 모르고 평소처럼 아침 식사 때 찬 우유를 마셨기 때문일까, 아이는 그날 점심때부터 간헐적인 복통과 설사에 시달렸다. 그 흔하다는 돌 발진도 수족구병도 장염도 한번 걸려본 적 없는 아이가 생애 처음으로 배를 부여잡고 화장실을 들락거리느라 진을 뺐다.

다행히 배탈은 하루 반 만에 진정되었다. 당장 찬 우유를 끊고 따뜻한 보리차를 먹여 탈수를 방지하고, 배가 아프다고 할 때마다 누이고는 이불을 덮어 배를 문질러 주었다. 문제는 그다음부터였다. 배탈이 진정되고 2, 3일 뒤부터 KT 쪽 다리에 통증이 오기 시작했다. 잠들 무렵 갑자기 찾아온 통증 때문에 다리를 이러지도 저러지도 못하고 자지러지게 우는 아이를 보고 놀란 우리는 결국 진통제를 먹여 아이를 재웠다. 진통제를 먹고서도 어찌할 줄 몰라 힘들어하는 아이를 보듬어 안고 나는 실로 오랜만에 소리 내어 울었다. 어쩐지 요 며칠 자꾸 안 걷겠다고, 안아 달라고 그러더니 그때부터 아팠던 거구나. 나는 그저 또 신발이 작아질 때가 되었으니 그래서 그런가 보다 했는데, 그게 아니라 아팠던 거구나. 얼마나 아프면 이렇게 다리를 버둥대며 잠드는 걸까. 내가 아이 대신 아플 수 있다면 얼마나 좋을까. 이번 통증은 또 얼마나 가게 될까. 이런저런 생각들로 정신이 아뜩해졌다.

KT는 림프계에 이상이 있는 병이어서, 몸 전체적으로 면역력이 떨어지면 다른 증상이 더 두드러지게 나타난다. 실제로 예전에 감기를 좀 오래 앓은 뒤에 다리 통증이 오는 경우가 있었기에 감기 기운이라도 있으면 평소보다 긴장해서 아이를 살피게 된다. 우리는 평소 아이 몸 구석구석을 자주 들여다보고 만져 보기 때문에, 아이 몸에 어떤 변화가 생기면 눈으로든 손으로든 빨리 알아채는 편이다. 특히 몸에 자주 생기는 혈전이 불룩하게 튀어나오는 경우, 그것이 커졌다가 작아졌다 하면서 통증을 유발하는 때가 잦아 주의를 기울인다. 그런데 이번엔 예기치 않게,

그것도 처음으로 심한 배탈을 겪은 것이라, 다리가 아프게 될 거라는 예상을 전혀 하지 못했고, 다리에도 평소와 다른 뭔가가 만져지지 않아 정말이지 까맣게 몰랐다.

아이에게 통증은 평생 짊어지고 가야 하는 무엇일지도 모른다. 내 몸이 아니어서 아주 정확히는 모르지만, 평소 여기저기 생기는 혈전 때문에 늘 어딘가는 아프고 불편한 느낌이 있지 않을까 짐작하고 있다. 아이가 KT를 갖고 태어나기 전에는 이 '통증'이란 것의 실체에 대해, 진통제의 작용에 대해 특별히 생각해 본 적이 없었다. 그러다 아이의 병을 알게 되고 관련 공부를 조금씩 하게 되면서 이 '보이지 않는 것'에 대해 조금 더 이해하게 되었다. 특히 한 루푸스Lupus(만성 자가면역 질환) 환자가 쓴 글 한 편이 만성 통증을 이해하는 데 큰 도움을 주었는데, 이 사람은 타인으로부터 '게으르다'라거나 '책임지지 않으려 한다'는 등의 오해를 받기 쉬운 자신의 삶에 대해 이렇게 표현했다. "다른 사람들은 그냥 쉽게 할 수 있는 일도, 나는 공격적으로, 계획을 세워서 마치 전쟁 전략 짜듯이 해야 겨우 할 수 있다. 아픈 사람과 건강한 사람의 차이는 바로 그런 생활 방식에 있다. 미리 생각해 보지 않고 그냥 어떤 일을 할 수 있는 능력, 그건 정말 복이다."

이제 고작 만 세 살이 되어 가는 아이만 봐도 그렇다. 밖에 나가 놀기를 좋아하지만, 발과 다리에 찾아오는 통증은 아이를 풀썩 주저앉게 만든다. 다리가 아플 때 누워 쉬는 게 도움이 되더라는 걸 알게 된 아이는 이제 다리가 아프다 싶으면 엄마 손을 잡아끌고 침대로 향한다. 아플 때 할 수 있는 거라곤 누워 엄마의 마사지를 받고 진통제를 먹는 것뿐이라는 걸 벌써 알아서, 아프면 엄마에게 다리를 내맡기고 약을 찾는다. 그런 삶을 몰랐던 나로서는 통증 때문에 놀이를 중단하고 쉬어야 하는, 통증 때문에 하고 싶은 일을 하지 못하고 살게 될 아이의 삶이 때때로 가슴 아프다. 하지만 아이는 그런 제 삶 속에서 나름의 전략과 대처 방법을 익혀 가며 때로는 남과 다르게, 또 때로는 남과 같게 그렇게 살아가리라.

평소 워낙 잘 웃고 잘 노는 아이라, 아이와 집 밖에 나서면 아는 사람, 모르는 사람을 막론하고 모두 입을 모아 얘기한다. 아이가 참 잘 큰다고. 완치법은 없는 병이라지만 저렇게 잘 놀고 잘 웃으니 괜찮을 거라고. 뭘 모르고 하는 소리다. 우리의 아픔과 걱정을 누가 알까. 당장 기관에 다니기 시작하면서 본격화된 입식 생활이 아이 다리에 부담을 주고 있다는 걸. 기온과 기압, 습도에 따라 달라지는 몸 상태 때문에 매일 신경 쓰인다는 걸. 외상에 조심해야 하지만 활동을 제약하기보다는 가능한 모든 신체 활동을 하게 하려고 하루에도 여러 번 고민에 빠진다는 걸. 누가 알까. 때때로 찾아오는 아이의 미래—학교생활, 사회생활, 연애, 직장 등—그 모든 것에 대한 끝없는 두려움을 말이다.

그런가 하면 반대의 경우도 있다. 왼쪽 다리보다 두 배 넘게 큰 오른 다리를 훤히 드러내 놓고 내게 안겨 있는 아이를 보고 그저 안타까워하고, '고칠 수 없는 선천성 희소 질환'이라는 설명을 듣고 나면 괜스레 머쓱해져 미안한 표정을 내보이거나 안됐다며 눈물을 글썽이는 사람도 있다. 하, 뭐 그럴 것까진 없는데. 아이는 여느 두어 살 꼬맹이들처럼 '끔찍이 두 살'이고, 애가 아픈 건 아픈 거고 내 인생은 내 인생인데 말이다.

우리 속은 모른 채 '아이가 참 잘 자란다'라며 무한 긍정의 말을 쏟아 내는 사람들을 만날 때, 그리고 반대로 우리가 얼마나 재미나게 웃고 지지고 볶고 사는지 모른 채 딱한 눈길을 보내는 사람들을 만날 때, 우리가 얼마나 눈에 보이는 현상에만 집중하며 사는지를 새삼 느낀다. 먹고살기 바빠 허덕이면서 눈에 보이지 않는 부분에 대해서는 알려고 하지 않는다. 그저 눈에 보이는 것만을 놓고 평가하고 비교하고, 만족하고 불평한다. 병에 관해서도 마찬가지다. 겉보기에 아파 보인다고 해서 모든 방면에서 약자인 것은 아니고, 겉보기에 아파 보이지 않는다고 해서 아픔이 없는 것은 아닌데, 우리는 타인에 대한 예의와 존중을 너무 모르고, 나와 다른 삶의 모습을 인정하려 하지 않는다.

드러나지 않는 것들에 대한, 숨겨지고 잊힌 것들에 대한 예민한 감각. 지금을 사는 우리에게 가장 필요한 것이 아닐까. 어설픈 지식과 경험으로 지레짐작하지 않고, 편견을 버린 시선으로 조금 더 진실하게 다가서는 것. 타인의 고통을 민감한 시선으로 바라보고 교감하되, 감정 과잉이나 과장된 수사만으로 반응하지 않는 것. 이 밤, 아이의 이번 통증이 오래가지 않기를 바라며, 내가 놓치고 있는 또 다른 것들에는 뭐가 있는지 찬찬히 생각해 본다. 내가 눈을 열고 조금 더 진실하게 다가서야 할 곳은 어디인지, 민감한 마음과 냉철한 머리로 다가서야 할 곳이 어디인지를.

그들이 사는 세상

아이의 병명이 '클리펠-트레노네이 증후군'이라는 걸 알았을 때, 눈에 보이는 것보다 더 나쁜, 보이지 않는 증상들이 진행 중일 수 있으며, 어떤 경우엔 진통제밖엔 해줄 수 있는 게 없다는 걸 알았을 때, 심지어 때로는 진통제도 듣지 않을 수 있으며 특정 증상이 심해지면 다리를 절단하기도 한다는 걸 알았을 때. 나는 많은 것을 하나하나 내려놓아야 했다. 희소 질환과 함께 산다는 건 그런 것이다.

KT는 기본적으로 혈관 문제이기 때문에, 성장과 노화에 따라 병증이 자연스레 악화된다고 알려져 있다. 그러다 보니 부모로서는 때때로 걷잡을 수 없는 불안감에 휩싸이기도 한다. 그 불안을 더욱 키우는 건, 10만 분의 1이라는 숫자에서도 알 수 있는 희소성 그 자체에서 오는 공포감이다. 동네 의사들은 물론이고 대학병원 응급실 의사, 혹은 관련 전문의 중에서도 이 병을 아는 사람을 찾기가 쉽지 않다. 우리는 정말 운 좋게 이 병을 알고 있던 의사를 한 번에 만난 경우인데, 이런 사례는 사람 많은 미국에서도 흔하지 않다. 우리는 이 의사 덕분에 출생 직후 병에 관한 정확한 정보와 적절한 대처법을 배웠고, 그 후에도 연계된 여러 의사로부터 정기검진을 받고 있다. 하지만 아이 몸에 급히 문제가 생겨 근방 대학병원 응급실에라도 가면 의사 간호사들이 줄줄이 들어와 오히려 내게서 병에 관한 설명을 듣는다. 병명이 길고 생소해서 병명의 철자를 하나하나 물어보는 경우도 많고, 그래서 어떤 조처를 해야 하는지 내가 알려 주어야 하는 일도 있다.

사정이 이러니 희소·난치 질환을 겪는 사람들과 그 가족들은 어쩔 수 없이 스스로 전문가가 되어 간다. 미국은 다양한 서포트 그룹support group(사별, 이혼, 가정 폭력, 장애, 질병 등 어떤 어려움과 특정 질환을 공유하는 사람들의 모임)이 오래전부터 형성되어 왔기 때문에 희소·난치 질환자들의 서포트 그룹 활동이 매우 활발한 편이다. 우리도 아이가 태어난 직후 'KT 서포트 그룹'을 찾아 가입했고, 그곳에서 질환에 관한 정보는 물론, 아이를 대하는 자세, 희소 질환 아이와 함께 살아가는 데 필요한 용기와 지혜를 얻었다.

특히 이 서포트 그룹은 혈관 질환과 관련해 미국 내에서 가장 경험 많고 권위 있는 곳으로 알려진 몇몇 병원의 혈관 전문 의사들과 연계해 2년에 한 번 대규모 콘퍼런스를 열고 있다. 이 콘퍼런스는 관련 의사·간호사들이 나와 환자와 가족들을 직접 만나 연구 자료를 공유하고 상담하는 자리이면서, 환자와 가족들이 '혼자가 아님'을 확인하고 서로 위로하고 돕는 자리이기도 하다. 우리 아이처럼 발 크기가 달라 신발을 짝짝이로 신어야 하는 사람들은 자신이 산 신발의 나머지 한 짝을 가지고 와 필요한 사람과 서로 교환하는 유쾌한 행사도 연다. 또 사춘기 예민한 아이들을 둔 부모들은 아이가 같은 병을 앓고 있는 또래 친구를 만날 수 있도록 자리를 마련하기도 한다. 그렇게 만난 아이들은 각자 집에 돌아가서도 이메일이나 전화 통화를 이어 가면서 학교생활·친구 관계의 어려움을 서로 털어놓기도 한다.

이 사람들을 보며 나는 KT와 함께 사는 법을 일찍부터 터득해 갔다. 사람들은 온라인에서 일상적으로 겪는 통증, 증세 악화에 대해 가감 없이 서로 의견을 나눈다. 증세가 심해 중환자실에 들어간 사람을 위해 함께 기도하는 마음을 보내기도 하고, KT 중에서도 상태가 위중해 열아홉 살의 나이에 세상을 떠난 아이를 기리는 시간을 갖기도 한다. 최신 의학 자료를 찾아 공유하고 함께 읽으며 서로의 이해를 돕기 위해 묻고 답하는 모습도 종종 볼 수 있다. 또 환자가 학교생활, 사회생활을 하며 겪는 문제를 터놓고 공유하며 무례한 사람에게 대처하는 각자의 방법을 나누기도 한다.

서포트 그룹에서 이런저런 도움을 주고받다 보니 한국의 상황이 줄곧 마음에 걸렸다. 한국의 KT 환자와 보호자들은 각자 알아서 정보를 찾고 개인적으로 대처법을 터득하고 있는 것 같았다. 인터넷으로 검색했을 때 얻을 수 있는 국문 의학 자료도 거의 없다시피 했다. 힘들게 찾은 몇몇 사람에게 들으니, 수소문 끝에 찾아간 유명한 의사들이 "이건 고칠 방법 없으니 의사 찾을 필요 없어요. 그냥 이렇게 살아요"라고 하거나 "이거 이제 희소병도 아니에요. 내가 이런 환자들 많이 봤거든"이라면서 환자에게 상처만 주는 일도 있다고 한다. 앞으로 어떤 증상이 있을 수 있고, 평소에 어떻게 건강관리를 해야 하는지, 정기적으로 어떤 검사를 해야 하는지 알려 주지도 않고 무심하게 환자를 돌려보내는 의사도 있다. 아이를 데리고 이 병원, 저 병원 다니다 보면 눈살을 찌푸리거나 딱하게 보는 사람들을 만나는 경우가 다반사이고, 그러다 보면 부모는 쉽게 절망하고 아이는 자주, 깊이 상처받는다. 의사들조차 외면하는 희소 질환인데, 일반인들 인식이야 그보다 나을 리 없다.

나는 우리 사회가 희소 질환·장애와 '함께' 살아갈 수 있는 사회가 되면 좋겠다. 개별 가정뿐 아니라 국가적·사회적으로 모두 질환과 장애를 공동의 운명으로 받아들이는 사회가 되었으면 좋겠다. 어딘가 아프거나 불편한, 생김과 능력이 다른 사람을 배제하거나 통제하지 않으며, 동시에 무심하지도 않은 사회였으면 좋겠다. 질환으로 인한 신체적·정신적 고통에 더해 경제적·심리적·사회적 압박감, 그리고 고립감 속에서 힘든 사람들을 보며 "내 일 아니니까" "고칠 수 없으니까" "그건 부모의 몫이니까"라는 말로 외면하지 않는 사회가 되면 좋겠다.

그래서 새로운 일을 하나 벌였다. 어디서부터 시작할지 조금 막막하지만, 내 아이뿐 아니라 KT를 가지고 태어난 다른 아이도 많이 웃고 많이 사랑받으며 자랄 수 있게 돕고 싶다. 그 시작으로 우선 내가 여기서 보고 배운 지식과 정보를 제공하고, 다른 부모들과 연대할 수 있는 온라인 공간을 만들었다. 이곳이 기존의 '환우회'와는 조금 다른 시선과 접근법으로 희소 질환을 바라보는 공간이 되었으면 좋겠다. 유능한 의사, 유명한 병원, 새로운 치료법에 관한 정보만 주고받는 게 아니라, 어떻게 우리 아이들을 '고칠' 것인지만 이야기할 게 아니라, 지금 우리가 사는 세상이 어떤 모습인지, 앞으로 아이들이 살아갈 세상은 어떠해야 하는지, 세상을 어떻게 고쳐 나갈 것인지를 함께 고민할 수 있는 공간을 만들고 싶다. 그래서 우리 삶을 가감 없이 내보이고, 우리에게 필요한 것들을 국가와 사회에 정당하게 요구하고, 아이들이 신체적·정신적으로 많이 아프지 않고 잘 자랄 수 있게 도울 수 있는, 그런 공간을 만들어 보고 싶다. '그들만의 세상' '당신들의 천국'이 아니라 모두 함께 사는 세상을 꿈꾸고 싶다.

KT 증후군 한국 모임에 관하여

2014년 11월, KT 증후군 한국 모임을 만들기 위해 온라인 카페를 개설했다. '환우회'라는 이름이 주는 부정적인 느낌이 싫어서 '모임'이라 명명하고, 모임 이름을 '함께 걸어요, KT'라고 붙여 보았다. 흩어진 채 각자 알아서 정보를 찾는 상황을 벗어나 많은 사람과 함께하고 싶은 마음, 그리고 KT를 '고치거나 없애야 할 것'으로 보기보다는 공존해야 할 무엇으로 여기고 싶은 마음을 담았다.

처음 카페를 개설한 후 가장 공들였던 부분은 여기저기 흩어져 있는 사람들을 한데 모으는 일이었다. 그래서 혈관 질환 관련 환우회 두어 곳을 찾아 "KT 증후군을 갖고 계신 분들을 찾습니다"라는 안내문을 올렸다. 그리고 KT와 유사 증상을 가진 사람이 있는지 틈틈이 검색해 일일이 쪽지와 이메일을 보냈다. 그렇게 하나둘 모여든 사람들이 또 각자 나름의 방식으로 카페를 알리기 시작했고, 그 결과 2018년 초 현재 우리 모임에 가입한 사람의 수가 150명 남짓 된다. 이 중 실제로 KT 혹은 KT와 유사한 다른 질환으로 확진까지 받은 사람이 1백 명 가까이 되지만, 적극적으로 카페 활동을 하는 사람 수는 30, 40명 정도다.

카페를 열고서 한동안 꽤 마음고생을 했다. 나의 기대나 바람과 달리 많은 사람이 원하는 정보만 얻은 뒤 조용히 사라졌고, 자신의 이야기를 먼저 꺼내 놓기를 극도로 꺼렸다. KT 진단을 받은 지 오래된, 이미 성인이 된 사람들은 지금도 이렇다 할 치료법이 없다는 사실을 알고 난 뒤엔 카페를 더는 찾지 않았다. 기록과 추적 관찰, 정기검진이 중요한데, 개인적인 자료 축적마저 제대로 되고 있지 않아 모임 전체 차원의 자료 축적과 정보 공유가 어렵다는 점도 문제였다.

회원들의 의도와 상관없이 상처받는 일도 많았다. 아무리 봐도 우리 아이만큼 다리 부피와 길이 차이가 크게 나는 경우는 없는데, 많은 사람이 약간의 부피 차이, 미세한 길이 차이에도 민감하게 반응하며 그 고통에 압도되어 눈물로 호소했다. 그런 넋두리를 읽고 있자면 나도 모르게 쓴웃음이 지어지는 때도 있었다. 번역해서 올려 둔 의학 자료에도 KT는 모체의 환경과는 상관없이 우연히 발생하는 질환이라고 번듯이 적혀 있지만, 여전히 많은 엄마가 아이의 질환을 엄마 탓으로 돌리며 괴로워하는 걸 보면서 답답했다. 무엇보다 엄마들이 가입해 관련 정보를 찾기 위해 고군분투할 때, 이 과정을 함께하는 아빠들을 찾아보기 어렵다는 사실에 아득함을 느꼈다. KT 혹은 이와 유사한 질환으로 확진을 받은 게 아니라면 모임의 회원이 될 수 없다는 나의 말에 어떤 이들은 '야박하다'라고 했고, 어떤 이들은 '당신이 그렇게 잘났냐'며 비아냥거렸다.

사람들의 절박함과 기대, 실망과 박탈감을 모르지 않지만, 바로 그래서 그에 대응하는, 기존의 환우회와는 다른 공간을 만들고 싶었다. 무엇보다도 KT는 완치가 되지 않는 질환이라는 것, 그래서 평생을 가져가야 하는 질환이라는 것을 받아들이는 게 가장 중요하다고 생각했다. 수십 차례 병원을 옮기고, 명성 높은 의사를 찾아가고, 시술을 받는 데 드는 경제적·심리적·신체적 부담을 힘겹게 짊어지기보다는, 우리에게 그런 부담을 지게 하는 차별적이고 폭력적인 현실에 눈뜨는 공간이 되길 바랐다. 일상에서 겪는 타인들의 차별적 시선, 무례하고 무지한 의사들, 아이들의 건강 문제를 놓고 장사치 냄새를 풍기는 병원들, 학교생활과 사회생활의 어려움, 그것들을 모두 풀어놓고 얘기할 수 있는 공간이 되길 바랐다.

내가 꿈꾸는 그런 공간이 만들어지려면 시간이 좀 더 필요하겠지만, 결코 그 바람을, 희망을 버리지는 않을 작정이다. 언젠가 아이가 커서 직접 이 모임을 참여하고 주도할 수 있을 때, 지금 이 공간에 모여든 부모들이 아이들에게 이 공간을 넘겨주고 홀가분한 마음으로 떠날 수 있을 때, 그때쯤엔 KT 치료법뿐 아니라 수많은 KT가 살아가는 세상 역시 조금 더 진보해 있기를 바란다. 그 바람을 현실로 이뤄 내기 위해, 부지런히 움직여 볼 작정이다.

3/ 그래서 아이는 누가 길러요?

99만9천 원 육아기

요즘 유학생 중에 우리만큼 가난한 유학생은 참 보기 드문 것 같다. 우리는 둘이 합쳐 겨우 돈 몇백만 원 손에 쥐고 미국행 비행기에 오른, 정말 겁 없는 경우였다. 남편은 박사과정을 밟으며 학교에서 강의하거나 조교 일을 하는 조건으로 월급을 받는데, 집세, 식비, 생활비로 쓰면 똑 떨어지는 수준이다. 차로 20분이면 오갈 수 있는 소아청소년과를 시내버스를 이용해 환승에 환승을 거듭해서 가려면 길에서 2시간을 허비해야 하는데, 그 고역에도 불구하고 5년 넘게 미국 땅에 널리고 널린 중고차 한 대 못 뽑고 있는 것도 그래서다. 많은 유학생 부부가 1, 2년에 한 번씩 아이를 데리고 고국에 있는 가족들을 보러 다녀오고, 그렇지 않을 때는 친정·시댁 부모님이 번갈아 찾아오거나 이곳저곳

여행을 다니기도 하지만 우리는 그중 어느 것도 해본 적이 없다. 그런 광경을 볼 때마다 남편과 함께 "다들 잘 산다. 우리만 이런 가 봐. 어째서 그렇지?"라며 갸우뚱하곤 한다.

이런 형편에 어떻게 아이를, 그것도 희소 질환을 갖고 태어난 아이를 키우느냐고? 정답은 '너무 없으면 오히려 그게 가능하다'다. 아이 키우는 데 돈이 많이 든다는 얘기를 주변에서 많이 듣는데, 우리는 워낙 쓸 돈이 없어서 그런지 오히려 비용 지출이 별로 크지 않았다. 아이가 태어나고 첫 일 년간 우리가 쓴 액수를 정리해 보면 이렇다.

1. 분유: 약 40만 원(산모 및 5세 미만 아동 영양 보조 프로그램에서 분유 값 절반을 지원해 준 결과)

2. 천 기저귀·기저귀 커버: 약 20만 원

3. 외출·취침용 종이 기저귀: 약 12만 원(가장 저렴한 브랜드의 144개들이 한 상자가 2만 원)

4. 9개월간 유축기 대여: 0원(관련 기관에서 무료 대여)

5. 의류: 10만 원 미만

6. 병원: 0원(병원비 전액을 보조하는 특수 보험 혜택)

7. 장난감·책: 10만 원 미만

8. 각종 출산 준비물(아기 침대, 욕조, 이불 포함): 10만 원 미만

....

합계: 1백만 원 미만

그러니까 우리가 출산 후 첫 일 년간 아이에게 들인 돈이 한 달 평균 10만 원도 채 안 되었다는 얘기다.

이 99만9천 원 육아의 시작은 출산 준비물부터였다. 임신 중 어딘가에서 구한 '출산 준비물 목록'에서 실제로 산 물건은 절반도 안 되는 것 같다. 내 선에서 '이건 굳이 필요하지 않다' 싶은 물건은 과감히 정리하고 내 기준에 맞는 새로운 리스트를 만들었다. 좁쌀 베개·짱구 베개나 기저귀 가방은 아예 살 생각을 안 했고, 속싸개·겉싸개는 병원에서 준다고들 해서 사지 않았다. 이불도 따로 사지 않고 집에서 쓰던 무릎 담요를 깨끗이 세탁해 쓰기로 했다. 아기 침대, 욕조, 놀이 매트, 소서는 중고로 사서 모두 5만 원이 안 되는 가격에 해결했고, 유모차는 이웃집에 사는 친구에게서 얻었다.

출산 일이 임박해서는 이곳의 한인 중고 거래를 통해 천 기저귀를 샀다. 마침 어느 한국인 가정에서 소위 '땅콩 기저귀'라 불리는 천 기저귀 묶음을 새것 그대로 내놓는 바람에 수월하게 해결할 수 있었다. 큰 치수 기저귀 한 세트와 기저귀 커버를 새것으로 몇 개 더 사니 아이에게 딱 맞춰 쓸 수 있었다. 물론 우리가 천 기저귀를 사용하기로 한 것은 무슨 거창한 '친환경 의식' 때문도, '아기 피부 보호' 때문도 아니고 순전히 돈이 없어서였다. 가장 저렴한 브랜드의 일회용 기저귀를 쓴다 해도 그걸 매일 몇 개씩 쓸 형편은 못 되니 말이다. 침실 하나짜리 아파트에 사는 우리는 집에 세탁기가 없다. 아파트 일 층에 있는 공용 세탁기·건조기 한 번 쓰는 데 대략 2천 원이 드니 매일 돌리기는 어려운 형편. 그래서 선택한 것이 손빨래, 아니 발 빨래다. 건조는 자연 건조, 삶기는 생략. 남들이 들으면 기절초풍할 일이겠지만 우리가 괜찮으니 상관없다.

의류비가 거의 들지 않은 것은 순전히 지인들의 도움이 컸다. 알고 지내던 미국인 부부가 이사 가면서 헌 옷을 두 상자나 물려주고 갔고, 동네 할머니들, 아이 키우는 친구들이 수시로 새 옷과 헌 옷을 가져다줬다. 계절 변화로 인해 부득이 옷을 사야 할 때는 동네에 있는 대형 중고 매장에서 샀다. 중고 매장에서는 아기 옷이 한 벌에 2, 3천 원밖에 안 해서 저렴한 가격에 제법 괜찮은 옷을 구할 수 있다. 장난감과 책도 마찬가지다. 지인들이 물려주거나 선물해 준 물건이 많았고, 직접 사는 경우라도 장난감은 3, 4천 원, 책은 1, 2천 원을 넘지 않는 수준에서 구매했다.

돈을 들이자면 얼마든지 들일 수 있는 게 유아용품의 세계지만, 이곳에서는 돈 들이지 않고 준비하자면 또 얼마든지 할 수 있게 되어 있다. 먼저 유아용품을 개인 자격으로 팔러 나올 수 있는 '장터'나 크고 작은 규모의 중고 매장을 동네마다, 계절마다 쉽게 찾아볼 수 있다. 그리고 병원에서 출산하면 정말 많은 물건을 무료로 제공한다. 우리가 병원에서 받은 것 중 가장 값나가는 물건은 원가 8만 원이 넘는 카시트였는데, 이렇게 기저귀, 옷, 빗, 체온계 같은 소소한 유아용품부터 좌욕기, 수유 쿠션 등, 산모에게 필요한 물건까지 챙겨 주는 병원이 많다고 한다. 병원

뿐 아니라 동네 교회에서도 수시로 출산·육아와 관련한 물품을 기증받아 저렴하게 팔거나 나눠 준다. 교회에서 운영하는 산모 교육 시설에 딸린 유아용품 매대에 가보면 새것, 헌것 모두 깨끗하고 예쁘게 정돈되어 있어 기증하는 사람도, 골라 가는 사람도 기쁜 마음으로 참여하고 있다는 걸 알 수 있었다.

한국에선 중고 물품도 그리 저렴하지 않은 가격에 거래되는 경우가 많다. 한국에서도 중고 개인 거래 사이트나 가전이나 가구를 파는 중고 매장을 이용하는 때가 종종 있었는데, 그때마다 곤혹스러웠던 기억이 있다. 새것에 가까운 물건을 내다 팔 때는 가격을 별로 내리지 않고 내놓는 사람이 많았고, 반대로 아직 쓸 만한 물건인데도 쓰레기 취급받으며 누구도 가져가지 않는 경우가 흔했다. 경험해 보진 않았지만 아마 유아용품도 크게 다르지 않을 것 같다. 유아용품에 관한 한, 내 아이가 안 쓴 물건을 다른 아이가 잘 쓰기 바라는 마음으로 나눠 주면 어떨까? 한국의 병원도 유아나 산모를 위한 용품을 일부 제공한다고 하지만, 고객 유치를 위한 홍보 수단으로 인식되는 것 같다. 교회도 종종 이웃에게 나눔 행사를 벌이는 것으로 알지만, 상시적인 도움이라기보다는 전도를 목적으로 한 일시적 행사로 소비되는 것 같다. 병원이 영리성에만 집중하지 말고, 아기와 산모에게 필요한 도움이 무엇인지 살피고 출산의 전 과정을 실질적으로 도와주면 어떨까? 교회도 소속 교인만 챙길 것이 아니라 교회 바깥의 동네 아이들을 함께 사는 이웃으로 여기고, 필요한 것을 지원하며 새로운 탄생을 축복하면 어떨까?

없는 형편에 아이를 낳아 키우며 나 혼자 한 것이 아니라는 걸 실감하는 이유가 바로 이웃, 중고 매장, 교회와 병원, 그리고 이곳의 다양한 제도적 보조 때문이다. 우리도 출산율만 걱정하기보다, 아이 키우는 데 돈 너무 많이 든다고 원성 높이기보다, 국가와 병원, 이웃 공동체와 종교 단체, 선배 부모 등 모든 육아 동지가 출산과 육아에 드는 초기 비용을 줄이려는 노력부터 공동으로 해보면 좋겠다. 모든 아이가 귀하다는 마음으로 내 아이 남 아이 할 것 없이 건강하게 잘 길러 내는 걸 사회 공동의 목표로 삼는다면, 지금보다 아이 키우기 좋은 세상을 만들어 갈 수 있다고 믿는다.

모든 아이에게 무상 의료를

오기 전부터 어느 정도 알고 있었지만, 살아 보면서 더욱 확실히 알게 된 미국 사회의 고질적인 문제 몇 가지가 있다. 끊이지 않는 총기 사고, 인종차별, 약물중독, 높은 의료비……. 어느 것 하나 악명 높지 않은 게 없지만, 특히 그중에서도 살인적인 의료 서비스 비용은 희소 질환을 갖고 태어난 아이와 함께 사는 우리에게 치명적인 문제다.

이곳은 일부 빈곤층이나 노인 인구에게 제공하는 정부 보조 무상·저가 의료 서비스 대상자가 아닌 이상, 모두 민간 보험에 가입해야 한다. 그런데 민간 보험 가입 시 월 납부금이 한 사람당 수십만 원, 가족 모두를 포함하면 1, 2백만 원을 훌쩍 넘기기 일쑤이기 때문에 빈곤층과 중산층 사이, 즉 저소득 가구에 속하는 사람 중엔 아예 보험 가입을 시도하지 못하는 경우가 많다. 다행히(?) 지금 우리는 이곳의 '빈곤층'에 속하기 때문에 아이가 정부 보조 무상 의료 서비스를 받고 있다. 남편이 박사과정을 밟으며 학부 강의와 수업 보조를 하는 조건으로 학교에서 받는 월급이 이곳 3인 가족 기준 최저생계비에 훨씬 못 미치는 수준이다 보니, 아이 앞으로 민간 보험을 들 수 있을 리 없다. 이곳에서 민간 의료보험 하나 없이 살아남을 방법은 경제적 빈곤층에 속하거나, 아프지 않는 것뿐이다.

우리가 아이를 낳고 기르는 데 병원비를 전혀 들이지 않고 살 수 있었던 건, 그나마 경제적 취약 계층에 있는 임산부와 아동을 보호하려는 최소한의 장치가 마련되어 있기 때문이었다. 임신이 확인되자 보건소에서는 우리가 소득이 적고 신분이 확실한 학생·배우자임을 고려해 임산부를 위한 특수 보험에 가입하게 해주었는데, 이 보험은 분만에 드는 비용을 전액 지원해 준다. 단, 분만 전 정기검진이나 초음파 검사 등에 들어가는 비용은 지원하지 않는데, 이 부분 또한 병원에서 자체 재정 지원 시스템을 통해 도와준 덕에 임신·출산 비용 대부분을 감면받을 수 있었다. 게다가 아이는 태어나자마자 정부 보조 무상 의료보험 대상자로 등록되었다. 외국인인 나를 한시적 보험 대상자로 등록해 준 것도, 아이를 의료보험 대상자로 등록해 준 것도, 아이가 미국의 속지주의屬地王義 원칙에 따라 출생 직후 미국 시민으로 등록되었기 때문이었다. 정확히 말하면 이 모든 일이 아이가

'경제적으로 능력이 없는 부모 아래 희소 질환을 갖고 태어난', 그래서 '최소한의 보호가 필요한 미국 시민'으로 분류되어 가능한 일이었다.

취약 계층에 속한 '자국 아동'을 책임지고 보호한다는 명분, 협소하기 짝이 없지만, 나름대로 신념이 담긴 그 명분 덕분에 그나마 병원비 걱정 없이 KT에 대해 알아 갈 수 있었다. 한국 상류층 사이에서 원정 출산을 유행시킨 속지주의 원칙 덕을 본 셈이다. 이마저 없었으면 정말이지 큰일 날 뻔했다. 보험이 없으면 소아청소년과 기본 검진에만 회당 17만 원씩 비용이 드는 곳이니, 희소 질환 아이를 데리고 다니며 전문의 검진을 보자면 일 년에 수백만 원, 아니 수천만 원이 들었을지 모른다. 그런 상황에서 정부 보조 혜택도, 민간 보험도 들 수 없는 상황이라면 우리는, 아이는, 어떻게 되었을까.

그래서 병원비 문제로 힘들어하는 사람, 특히 희소 질환·장애 가족의 일이 우리에겐 결코 남 얘기가 아니다. 미국 KT 서포트 그룹 내에서도 의료비와 보험 문제가 자주 거론된다. 일상생활에 어려움이 있더라도 취업이 막히는 일이 많지 않으니 장애 등록이 어려워 장애인 대상 복지 프로그램을 이용할 수 없고, 재정적으로 여유가 있다 해도 민간 보험 드는 게 쉽지 않다. 당장 우리만 해도 남편이 학위 과정을 끝내고 직장을 얻게 되면 월 납부금 수십만 원, 때에 따라서는 수백만 원짜리 민간 보험에 가입해야 할지 모른다. 희소 난치성 질환이 있는 사람에게 높은 부담을 지게 하려고 애쓰는 보험사와 얼마나 오랜 기간 줄다리기를 해야 할지, 무엇을 얼마나 증명해야 아이를 받아들일지 가늠조차 어렵다. 보험 가입이 가능하다 해도 진료와 시술을 받으려면 매번 보험사와 실랑이를 벌여야 한다는 생각에 벌써 머리가 아프다.

한국에서라면 이보다는 부담이 덜했을 거라고 생각한 적이 있지만, 한국 KT 모임 회원들의 이야기를 들어 보면 그렇지만도 않다. 희소 난치성 질환에 대해 산정 특례를 적용해 준다지만, KT 환자에게는 그리 도움이 되는 제도가 아니다. KT 환자에게 필요한 시술의 다수가 비급여 항목으로 분류되기 때문이다. 미국에서도, 한국에서도, 최근 몇 년 사이 혈관 이상 증세를 완화하는 데 도움을 줄 것으로 추정되는 약물에 대한 임상 시험이 진행되고 있다. 그런데 약물 투약 경과를 보는 데 필요한 영상 촬영이 비급여 항목으로 분류되어, 매번 큰돈을 들여 촬영해야 하는 일이 벌어지고 있다. 그뿐 아니라 KT 환자 대다수는 몸에 '화염상모반'이라 불리는 붉은 얼룩을 가지고 있는데, 얼룩을 옅게 만들려면 한두 달에 한 번씩, 수십 차례에 걸쳐 레이저 시술을 받아야 한다. 그런데 모반 치료는 보험 체계상 '미용상의 필요'로 여겨지기 때문에 비급여 항목으로 처리되고, 그에 따라 처음 몇 회 이후엔 수백만 원에서 수천만 원에 이르는 시술비를 환자 측에서 부담하게 되어 있다. 여기서 문제는 이 '모반 치료'를 정말 '미용상의 필요' 때문에 행하는 시술이라고 볼 수 있느냐다. 투입되는 비용과 시간과 비교하면 효과가 미미한 모반 치료에 대해 개인적으로는 부정적인 편이지만, 한국 사회의 현실을 생각해 보면 모반 치료를 원하는 사람을 무작정 말릴 수만은 없다. 외모 지상주의가 만연한 사회에서 얼굴이나 몸에 붉은 얼룩이 있는 아이가 학교와 사회에서 어떤 시선과 불이익을 받을지 생각해 보면, 단번에 답이 나온다.

희소 난치성 질환이나 장애가 있는 사람에게 필요한 도움은 각 질환과 장애를 임의로 분류해 특정 기준에 맞춰 차등 보조하는 것이 아니라, 개별 질환과 장애의 특성에 따라 각기 다른 치료와 접근법이 필요하다는 걸 이해하고, 그에 맞춰 부담을 줄여 주는 것이다. 장애인 단체에서 오랫동안 요구하고 있는 장애등급제 폐지나 희소 난치성 질환 아동과 장애 아동 부모들이 요구하는 '아동 의료비 1백만 원 상한제' 같은 것이 같은 이유에서 제시된 해법이다. 희소 난치성 질환 아동이나 장애 아동을 둔 가정의 경우 진료, 입원, 약물치료, 각종 시술 및 수술, 생명 유지 장치 혹은 활동 보조 기구 등에 많게는 일 년에 억 단위의 비용이 들어가기도 한다. 물론 그중 많은 부분을 보험과 산정 특례로 보장받지만, 그렇게 해도 환자 부담금이 해마다 수천만 원에 이르는 경우가 부지기수다. 의료비 1백만 원 상한제가 시행되면 돈 때문에 치료를 포기하는 일도, 아이를 살리려다 가정 경제가 무너지는 일도 막을 수 있다. 하지만 의료비 상한제를 논의하는 토론회장에서는 여전히 '필요성에는 공감하나, 현실적으로 어렵다'라는 식의 대응이 우세하다.

이 모든 이야기는, 결국 아이들을 '누가' '어떻게' 기를 것인가 하는 질문으로 귀결된다. 그런데 우리는 언제나 그보다 먼저 '어떤 아이를' '얼마나 도와줄 것인가'를 따진다. 부모가 자국민이 아니면 안 되고, 이주민이나 불법 체류 중인 아이는 안 되고, 부모의 소득이 일정 기준 이상이면 안 되고, 장애와 질환의 정도가 일정 기준 이하면 안 되고, '미용 시술'은 안 되고…… 등등을 따지면서 말이다. 어디에서 왔든, 어디에 살든, 부모가 누구든, 얼마나 아프든 상관없이 아이들만큼은 모두 우리 아이라는 마음으로 돌봐 주면 안 될까. 그동안 많은 아이를 해외로 입양 보낸 나라에서, 하다못해 미안해하는 마음으로, 곁에 있는 아이들을 품어 주면 안 될까. 지지부진하기만 한 아동의료비상한제와 장애등급제 폐지 논의, 그리고 논의조차 되지 못한 채 폐기된 이주아동권리보장법을 생각하며, 답답한 한숨을 내쉰다.

누가, 무엇이 아이의 행복을 결정하는가

여기 소설* 속 한 엄마가 있다. 희소 질환에 걸려 죽어 가는 둘째 딸을 살리기 위해, 셋째를 낳았다. 아이를 낳기 전에 엄마는 특정 유전 인자를 갖춘 배아를 특별히 선택해 임신했다. 그렇게 태어난 '유전자 맞춤형 아이'는 둘째 언니가 아플 때마다 함께 병원에 들어가 주사를 맞고 시술을 받는다. 셋째 아이에게도 그 것은 어느 정도 당연한 일이었다. 아이는 언니를 사랑했고, 언니에게 필요한 신체 조직과 혈액을 안정적으로 공급할 수 있는 유

---

* 조디 피코, 『마이 시스터즈 키퍼』*My Sister's Keeper*, 이지민 옮김, SISO, 2017.

일한 사람이 자신이라는 것을 알고 있었다. 그런데 어느 날, 셋째 아이는 엄마를 상대로 소송을 건다. 언니를 위해 더는 시술대에 오르지 않겠다고. 엄마는 충격을 받는다.

여기 실제로 존재하는 또 한 명의 엄마가 있다.* 그는 하버드대에서 남편과 함께 박사과정을 밟던 중 계획에 없던 둘째를 임신하게 됐다. 학생이 학업 중에 결혼하고 임신하는 것이 굉장한 수치이자, 앞으로의 학문적 성공에 중대한 걸림돌로 여겨졌던 1980년대 미국, 배 속에는 다운증후군 진단을 받은 태아가 자라고 있었고 담당 의료진과 지도 교수는 당연하다는 듯 낙태를 권한다. 주변 사람들은 모두 장애가 있는 아이가 태어나면 부부에게 돌이킬 수 없는 불행이 시작될 것이라고 말한다. 하지만 이 엄마는 두려움과 번민에 시달리면서도 자신의 판단과 감각에 따라 아이를 낳았다.

소설 속 엄마도, 현실의 엄마도, 시간이 지나면서 더욱 충격적인 진실을 마주하게 된다. 소설 속 엄마는 셋째 아이가 자신을 상대로 벌인 그 소송이 사실은 둘째 아이의 부탁에서 비롯되었음을 알게 된다. 아이는 동생의 생명에 기대어 자신의 생명을 연장하는 일을 더는 하고 싶지 않았다. 그래서 동생의 입을 빌려

* 마사 베크, 『아담을 기다리며』Expecting Adam, 김태언 옮김, 녹색평론사, 2005.

호소했다. 죽음이 두렵지만, 이렇게까지 해서 억지로 살아가는 것 역시 어떤 의미나 행복을 가져다주지 못한다고. 그런가 하면 현실의 엄마가 마주한 진실은 다운증후군 아이가 평범한 아이 못지않게, 느린 듯 모자란 듯 자기 나름의 방법과 속도로 배우고 익히며 산다는 것이었다. 주변인의 우려나 비판과 달리, 장애가 있는 아이도, 장애아를 둔 가족도 삶의 의미와 행복을 깨치며 사람들과 어울려 살 수 있다는 걸 알게 된 것이다.

　지난 몇 주간 두 권의 책을 연이어 읽으며 누가, 무엇이 아이의 행복을 결정하는가를 생각했다. 실은 내 아이가 태어난 순간부터 계속해 온 생각이었다. 희소 질환과 함께 태어난 한 아이의 엄마로서 아이의 행복에 대해, 다음 세대를 살아갈 수많은 아이들, 생김이나 능력이 모두 다른 아이들의 행복에 관해 묻지 않을 수 없었다. 그러다 두 책을 읽으며 비로소 조금 더 선명한 결론을 내릴 수 있었다. 결국 아이의 행복은 아이 스스로 자신의 삶과 미래를 주체적으로 결정해 나갈 때 가능한 것. 부모는 그것을 가족 안에서 돕는 사람일 따름이고, 사회 역시 그것을 돕거나 방해할 수 있을 뿐이다.

　첫 번째 이야기는 우리가 이미 잘 알고 있지만 자주 잊어버리는 한 가지를 뼈아프게 지적한다. 아이의 삶, 미래, 행복은 엄마가 대신 만들어 줄 수도, 강요할 수도 없다는 사실이다. 아이가 조금이라도 더 건강하고 행복하게 살 수 있도록 최선을 다하고 있다고 믿었던 엄마에게 아이는 '나는 그런 엄마 때문에 행복하지 않아요'라고 전한다. 이 당혹스러운 메시지를 단번에 기꺼이 받아들일 수 있는 엄마는 흔치 않을 것이다. 그러나 조금만 생각해 보면, 엄마가 아이의 행복을 바라는 것 이상으로, 아이 역시 자신의 행복을 갈구하고 있다는 것을 헤아릴 수 있다. 아픈 자식을 붙들고 전전긍긍하는 엄마를 봐야 하는 아이는 자신이 엄마를 힘들게 만들고 있다는 생각에 오히려 불행했을지 모른다. 그러니 엄마가 자신을 놓아야만, 그래서 자기 스스로 미래와 운명을 결정할 수 있어야만 비로소 행복해질 수 있다고 생각했을 것이다. 그게 설사 죽음을 의미한다고 하더라도 말이다.

그런가 하면 두 번째 이야기는 조금 더 사회적인 맥락에서 아이와 가족의 행복을 생각해 보게 한다. 지적장애를 지니게 될 것이 분명한 아이를 낳아 기르겠다고 결심한 엄마에게 의료진과 대학교수들은 '무모하고 무책임한 처사'라며 하나같이 비판하는데, 그 이유는 아마 장애 가족이 행복하게 살기 어려운 현실을 너무나 잘 알았기 때문일 것이다. 장애아를 둔 부부일수록 이혼 확률이 높고, 아이가 자라면서 각종 질환에 걸릴 확률이 높으며, 재활과 치료를 구실로 시설에 들어가거나 사회로부터 격리되기 쉬운 것이 현실이니 말이다. 하지만 그렇다고 해서 장애가 있는 아이는 낳지 않는 것이 아이를 위해서나 가족을 위해서 옳은 일일까? 장애인이나 그 가족은 행복할 수 없다고 단정 짓게 되는 건 그 사회가 그렇게 구성되어 있기 때문이다. 사회가 장애아를 키우기에 괜찮은 제도적 여건과 의식을 갖추고 있다면 이야기가 달라지지 않을까?

두 이야기는 결국 아이들이 행복하게 살 수 있는 조건을 만들기 위해 우리가 해야 할 개인적인 일과 사회적인 일이 무엇인지 말해 준다. 부모는 자식을 위한다는 구실로 자식의 개별성과 독립성을 해치지 말아야 하며, 사회는 부모를 위한다는 거짓 명분으로 장애를 부정하는 제도를 유지하지 말아야 한다. 그러기 위해서는 우선 하나의 사회적 동의가 필요하다. 각자가 자기 삶의 주인이라는, 잊기 쉬운, 그러나 잊어서는 안 되는 지점 말이다. 그리고 질환과 장애에 대한 인식을 완전히 뒤집어야 한다. 질환과 장애가 있는 몸 자체가 장애인 것이 아니라, 그 몸을 둘러싼 사회가 그것을 장애로 '만든다'라는 사실을 상기해야 한다. 그래야 어떤 조건이나 선입견 없이 모든 아이를 독립적이고 고유한 개별 주체로 대우할 수 있다. 그리고 그때야 비로소 누구나 존재 자체로 존중받는 세상을 만날 수 있다고, 나는 믿는다.

장애-비장애, 경계를 넘어

KT와 함께 살면서 나는 필연적으로 장애나 질병과 관련한 사회 문제에 조금 더 관심을 두게 되었다. 아이는 왼쪽보다 2.5배 굵은 오른쪽 다리, 볼록 솟은 발등, 넓고 큰 발 때문에 한눈에 보아도 '다름'이 확연히 드러나는 신체를 가졌지만, 그로 인한 신체 활동의 제약은 거의 없다. 그런데도 내가 아이를 '장애와 비장애의 경계선에서 살게 될' 거라고 말하는 데는 두 가지 이유가 있다.

하나는 실질적인 이유다. 다행히 아직은 기능상에 문제가 될 만한 증상이 나타나지 않았지만, 앞으로 사춘기, 청년기, 장년기를 거치며 많은 문제가 나타날 수 있다. 만성 통증으로 인한 보행 장애, 출혈, 잦은 혈전, 피부염 등으로 일상생활의 어려움을 느끼는 것은 물론이고, 한쪽 다리뼈가 최대 12센티미터까지 비정상적으로 길어질 수 있어 다리를 절단해야 하는 극단적 상황에도 이를 수 있다. '장애'를 질병으로 인한 신체적 기능 손실로 봤을 때, 아이는 언제든 장애인이 될 운명을 지고 있다.

두 번째는 사회적인 이유다. 천만다행으로 다리를 절단해 의족을 착용하는 일이 생기지는 않는다 하더라도, 아이는 비장애인 중심 사회에서 언제든지 비공식적 장애인으로 분류될 수 있다. 다리를 잃지 않더라도 통증과 출혈 등의 문제로 때때로 활동에 제약이 생길 수 있는데, '다름'을 인식하고 수용하는 과정에 취약한 사회일수록, 외모와 능력으로 사람을 판단하는 사회일수록, 다른 외모와 제한된 능력을 갖춘 사람은 받아들여지기 어렵다. 이 경우 기능장애가 없어 실질적으로는 장애인으로 '공인' 받지 못하는데도 사회적으로는 장애인이 되어 버리는 모순이 생기게 된다.

실질적으로는 비장애인이면서 장애인으로 분류되어 차별받을 수 있는 아이, 또 신체 기능상 지금은 비장애인이지만 언제든지 장애인이 될 수 있는 아이를 보며, 나는 처음으로 장애와 비장애의 경계 자체에 의문을 품기 시작했다. 우리는 왜 장애와 비장애 사이에 경계를 긋게 되었을까? 많은 장애인 시설과 특수교육 시설이 장애인 보호와 치료, 학업 보조를 목적으로 존재한다고 생각하지만, 정말 그럴까? 어쩌면 그 많은 경계는 비장애인을 보호하기 위한, 비장애인의 학업을 보장하고, 비장애인만의 사회를 만들기 위한 장치들이 아닐까?

돌이켜 보면 나는 초중고교·대학교·대학원 교육을 받으면서 장애인을 마주한 경험이 거의 없다. 학창 시절 '학습 부진아'로 분류된 친구가 반에 하나씩은 있었지만, 그 이상으로 두드러지는 장애가 있는 친구를 만난 적이 없다. 지방이지만 도심에서 나고 자라서인지 동네에서 특수교육 시설, 재활원이나 요양원을 본 적도 없다. 중학생 때 학교에서 단체 봉사 활동을 가느라 버스를 타고 어느 산골 재활원에 가본 적이 있지만, 그때도 그곳에서 생활하는 사람들은 만나 보지 못했다. 우리에게 맡겨진 일이란 빈방과 조리실 바닥을 쓸고 닦는 게 전부였다. 그 사람 많은 서울에서도 지하철역의 장애인용 리프트에서나 드물게 휠체어 탄 사람들을 볼 수 있었지, 다른 데서는 마주치기 어려웠다. 빠른 걸음을 재촉하는 사람들 사이로 느릿느릿, 〈즐거운 나의 집〉 멜로디를 내는 리프트와 그곳에 탄 사용자를 볼 때마다 요란한 소리 때문에 그 사람에게 던져질 시선이 안타까웠지만, 거기까지였다. 그 이상으로 무언가를 생각해 본 적은 없었다.

반면, 이곳에서는 나와 다른 외모, 다른 능력을 갖춘 사람들을 비교적 쉽게, 자주 만날 수 있다. 애초부터 이민자들의 나라였고, 흑백 갈등의 오랜 역사를 안고 있기 때문인지 이곳은 아무래도 '다양성' 문제에 민감하다. 그래서 장애와 비장애의 경계 역시 한국에 비교해서는 옅은 편이다. 다운증후군이 있는 학생들이 삼삼오오 무리 지어 동네 작은 동물원에 야외 활동을 나오고, 다리가 휘어진 채 마비되어 늘 목발을 짚고 다니는 남학생, 얼굴에 백반증이 있는 흑인 여학생, 안면장애와 신체장애가 있는 교직원이 나와 같은 버스를 타고 학교에 다닌다. 장애 아동이 엄마들이 잘 보는 육아 관련 대중잡지의 표지 모델로 등장하고, 본문에는 일반인의 이해를 돕는, 해당 질환에 관한 글이 실리는 경우도 종종 있다. 심지어 아이가 즐겨 보는 책과 유튜브 채널의 동요 동영상에서도 휠체어 탄 아이들을 만날 수 있다.

일상생활에서 특별히 나와 다른 사람을 만나 본 적이 거의 없는 나에게 이런 풍경은 몹시 낯설다. 특히 비장애인을 대상으로 장애 관련 교육이 필요하다는 공감대가 널리 형성되어 있고, 실제로 교육이 이런저런 모임을 통해 이뤄지는 걸 보며 여러 번 놀랐다. 예를 들어 일주일에 한 번 참석하는 모임에는 나란히 자폐범주성장애ASD 진단을 받은 초등학생 형제가 나오는데, 모임을 주최하는 쪽에서 이 아이들을 위해 '그림자'shadow라 불리는 어른 자원 활동가를 각각 배정한 다음, 아이들을 어떻게 대해야 하는지 알려 주는 어른 대상 특강을 준비한 것을 보았다. 특강에서는 자폐에 관한 개괄적 이해부터 아이들의 개별 특성, 그리고 그에 따라 주의해야 할 점까지 세세하게 알려 주었다. 그리고 마지막에는 아이들을 다른 아이들과 특별히 다르지 않게 인식하고 받아들이는 게 가장 중요하다고 강조했다. 장애에 따른 특수성을 인정하고 그에 맞춰 도움을 주되, 오해로 인해 두려움이나 과민 반응이 생기지 않도록 비장애인들을 교육하는 것이다.

비장애인들을 대상으로 한 장애 관련 교육은 특히 부모에게 필요하다. 부모가 바로 알고 있어야 아이들이 장애가 있는 친구들을 편견과 두려움 없이, 자연스럽게 받아들일 수 있기 때문이다. 그런 생각 때문인지 육아 서적에도 이와 관련한 내용이 자주 나온다. 아이가 다른 외모를 가진 사람에게 의문을 가지는 건 단순한 궁금증 때문인데, 그것을 어른이 "그런 걸 물으면 실례야"라거나 "몰라도 돼"라고 다그치기만 해서는 안 된다는 거다. 그런 패턴이 반복되다 보면 아이는 일종의 두려움을 가지게 되고, 두려움을 혼자 쌓아 올리다 보면 장애에 대한 괜한 오해와 편견을 지니게 된다. 내가 만난 어떤 부모들은 자녀가 내 아이의 다리를 보고 "쟤는 다리가 왜 저렇게 커?" 하고 물으면 다가와 인사를 건네고 간단히 물은 다음, 짧게나마 아이에게 설명해 주었다. 그런데 또 다른 부모들은 아이뿐 아니라 본인의 관심마저 애써 부정하려는 경향을 보였다. 궁금한데도 실례가 될까 봐 물어보지 못하는 눈치일 때도 있고, 못 본 척하면서 한편으로는 힐끔거리며 딱한 표정을 짓는 일도 있다. 어느 엄마는 내게 대뜸 "임신 중에 뭐 잘못 먹은 거라도 있냐"라며 질책인지 걱정인지 모를 질문을 던지기도 했다.

　　그런 사람을 볼 때마다, 나는 내가 나고 자란 곳을 떠올린다. 장애인과 비장애인이 서로에게 보이지 않는 존재나 다름없는 곳. 장애인과 비장애인이 너무 극명하게 대조적인 공간에서 살아가는 곳. 예의를 가장한 무관심, 무관심으로 인한 무지와 오해, 편견, 그것들이 쌓아 올린 단단한 두려움이 존재하는 곳. 질환과 사고로 장애를 갖게 된 아이를 가리키며 자녀에게 "너도 말 안 듣고 말썽부리면 저렇게 돼"라고 말하는 곳. 한국에서 장애와 비장애의 경계를 허무는 것은 시급한 일이 아닐까. 장애를 나쁘고 혐오스럽고 무서운 것으로 볼 게 아니라 언제든 누구에게든 찾아올 수 있는 일로 본다면, 나아가 장애가 있건 없건 모두 '마음'을 가진 사람이라는 걸 안다면, 누구도 타인의 장애를 함부로 대할 수 없을 것이다. 별문제 없이도 아이가 병을 가지고 태어나기도 한다는 걸 안다면, 알 수 없는 유전자의 변이로 예기치 않은 불운이 시작되기도 한다는 걸 안다면, 엄마에게 임신 중 음식, 태교 운운하며 뭐라고 할 수 없을 것이다. 장애에 대한 생각 자체를 바꿀 필요도 있다. 겉으로 보기에 문제없어 보이는 비장애인도 어느 한군데 능력이 모자란 데가 있게 마련이라는 사실을 인정하면 좋겠다. 누구도 완벽한 사람은 없다는 걸 받아들이고, 아이들이 모든 부문에서 완벽하길 바라는 마음을 부모 스스로 조금씩 덜어내면 좋겠다. 그래야 아이가 자신을, 그리고 장애가 있는 타인을 조금 더 편하게 받아들일 수 있다.

그러자면 먼저 장애와 비장애의 경계가 허물어져 서로 마주 보고 부대끼며 자연스레 섞일 수 있어야 한다. 지금처럼 완전히 분리된 상태에서는 아무런 이해나 공감이 일어날 수 없다. 동네 놀이터, 학교, 공원, 일터, 출퇴근길 그 모든 곳에서 서로 다르게 생긴, 서로 다른 능력을 갖춘 사람들이 함께 머물 수 있다면 좋겠다. 경계하는 눈초리로 내 아이를 감싸 안고 종종걸음을 칠 것이 아니라, 불편한 마음 없이 자연스레 한 공간에 머물면서 마주보고 이야기 나눌 수 있어야 한다. 경계선에 선 내 아이의 삶이, 그 삶을 가까이에서 보며 함께하는 내가, 그 경계를 허물기 위한 작은 파문 하나 일으킬 수 있다면 좋겠다.

10만 분의 1, 수영장 가다

만 18개월, 처음으로 아이를 데리고 수영장에 갔다. 생후 6~36개월 아이들과 그 부모가 함께하는 '생애 첫 수영' 프로그램에 참여하기 위해서였다.

첫 수업에 들어가기 전, 프로그램 담당자에게 이메일을 보냈다. "아이가 선천성 희소 질환을 갖고 있는데, 이 문제로 담당 강사와 논의할 게 있다"라고. 특별히 문제가 될 건 없을 거로 생각했지만, 그래도 아이 다리가 다르게 생겼기에 최소한의 설명이 필요할 것 같았다. 혹시라도 아이의 생김이 다른 참가자에게 불쾌감이나 불안감을 줄지 모르니 말이다. 하지만 그건 기우였다. 담당자는 월요일 아침, 아이 다리를 직접 보고서도 손사래를 치며 말했다. "수영장이니까 전염성이 있는 거면 당연히 문제가 되지만 그게 아니라면 상관없어요. 아이가 수영하다가 아프거나 다쳐서 악화될 수 있는 거라면 아이가 다치지 않게 엄마 아빠가 더 잘 봐야겠죠. 그런데 이 프로그램은 어린 아기가 엄마 아빠랑 같이 물속에서 노는 거고, 참가자 수도 많지 않아서 애들이 서로 부딪히거나 긁어서 상처 낼 일도 거의 없어요. 그러니 안심하고 즐기셔도 됩니다."

그 말을 듣고 어딘지 머쓱해졌다. 실은 등록을 한 날 밤, 수년 전 스치듯 본 〈휴먼다큐 사랑〉의 한 꼭지가 떠올랐다. 두 다리 없이 태어난 한 아이를 입양해 수영 선수로 키워 낸 엄마 이야기였는데, 그는 아이에게 수영을 가르치기까지 숱한 문전박대를 당했다고 한다. 전염 질환이 아닌, 선천성 지체 장애가 있을 뿐인데도 '수영장 더러워진다'라고 멸시하는 통에 엄마가 매일 그 넓은 수영장을 청소하고 관계자에게 통사정하면서 겨우겨우 수영장을 다녔다고 한다.

내 머릿속에 떠오른 것은 그 엄마의 얘기뿐이 아니었다. '장애인 남성과 비장애인 여성의 연애'로 〈인간극장〉에 소개된 적 있는 항승 씨의 이야기도 떠올랐다. 여자 친구 주리 씨와 데이트하던 중에 공원 관리인으로 보이는 한 아저씨가 다가와 항승 씨에게 말했단다. "그거 의족은 좀 가리고 다녀요. 부끄럽지도 않나." 사고나 질환으로 다리를 잃은 사람이 의족을 착용하고 다니는 것조차 '가려야 할 것' '부끄러운 것'으로 여겨진다. 아직도 많은 사람이 자폐범주성장애에 속하는 아이를 만나면 "저런 걸 왜 데리고 다니냐"라며 혀를 끌끌 차고, 생김이 다른 아이를 보면 "애가 왜 그러냐. 불쌍해서 어쩌냐" 한다지 않는가. 하물며 거북이 등 같은 발과 볼링 핀처럼 생긴 발가락, 왼쪽보다 2.5배나 큰 오른 다리를 가진 내 아이는 어떨까.

그런 이야기를 듣다 보면 우리에게 시급한 것은 법과 제도보다도 사람들의 인식 변화가 아닐까 싶을 때가 많다. 내가 사는 곳은 미국에서도 굉장히 보수적이고 변화가 느린 곳에 속하는 지역이다. 그런데도 휠체어 이용자가 버스를 타고 내릴 때 시간을 지체해도 불평하는 사람이 없고, 버스 기사가 매번 자리에서 일어나 휠체어 고정 장치를 잠갔다 풀어 주면서 일을 돕는다. 심각한 주의력결핍과잉행동장애ADHD가 있는 학생에게 시험 시간을 더 주고, 공간을 따로 배정해 그들이 최대한 집중할 수 있게끔 한다. 안면장애가 있는 사람들이 버스에 올라도, 특유의 소리를 내는 발달장애인, 낯선 사람들에게 말을 걸거나 노래를 흥얼거리는, 정신장애를 가진 사람들이 버스에 타도 누구도 피하거나 얼굴 찌푸리지 않는다.

처음부터 그랬던 것은 아니다. 내가 사는 곳은 미국에서 최초로 지적장애인에게 단종법斷種法을 실시한 것으로 악명 높은 지역이다. 하지만 1970년대에 제정된 재활법Rehabilitation Act과 장애아동교육법Education for All Handicapped Children Act을 바탕으로 1990년 포괄적인 장애인법ADA, Americans with Disabilities Act이 만들어졌다. 그 후 이 보수적이고 느린 지역에서도 이만큼의 변화가 일어났다. 최근 미국 장애인법의 세부 조항을 읽어 볼 기회가 있었는데, 교육·주거·취업에 관해서는 물론이고 식당·교통·극장 등 모든 편의 시설 이용과 관련해 장애인 차별을 금지하는 법안의 방대함과 꼼꼼함에 입을 다물 수가 없었다. 법안을 대강이라도 읽고 나니 그동안 낯설게만 보였던 이곳 풍경을 조금 더 이해하게 되었다.

그리고 또한 알게 되었다. 2007년에 제정된 한국의 장애인차별금지법이 나아가야 할 길이 까마득하다는 것을. 한국에도 1980년대부터 여러 장애 운동가들이 피땀 흘린 투쟁의 역사가 엄연히 존재하고, 장애인차별금지법이 제정된 지도 10년이 지났지만, 그만큼 우리의 의식이 성장하지는 못한 것 같다. 여전히 많은 장애인이 학교교육을 다 마치지 못하고, 취업하지 못하며, 시설에서 학대받고, 거리를 마음 편히 활보하지 못한다. 운동가들이나 장애 당사자들과 그 부모들이 탈시설과 특수학교 설립을 요구하면, 아직도 비아냥거림과 욕설을 듣는다. 2017년, 서울 강서구의 '공진 초등학교 특수학교 설립 문제'에 우리의 현주소가 고스란히 드러나 있지 않은가.

최근에 알게 된 미국인 할머니는 내 아이를 보며 당신의 옛 이야기를 들려주었다. 1970년대 초반, 얼굴도 보지 못하고 잃은 둘째 아이 이야기였다. 조산기가 있어 병원에 갔다가 수술로 아이를 낳았는데, 다운증후군에 심각한 미숙아였던 아이는 태어난 지 두 시간 만에 세상을 떠났다고 한다. 병원에선 아이가 죽은 후에도 얼굴을 보여 주지 않았고, 수술 회복실에 있던 할머니는 간호사들이 수군거리는 소리를 들으며 울 수밖에 없었다고 한다. "저 여자가 낳은 애 봤어? 글쎄, 말도 못 해. 다운증후군인 데다, 아직 발달이 다 안 돼서 사람 꼴이 아니래. 어쩜 저런 걸 낳았을까?"

이 아픈 얘기를 들려주며, 할머니 눈가에 눈물이 맺혔다. 하지만 할머니는 이내 눈물을 닦으며 말했다. "네 아이는 잘 자랄 거야. 걱정하지 마. 그 세월 동안 이 나라도, 이곳 사람들도 많이 변했어. 네 아이가 더 크면, 그때는 또 더 많이 달라져 있을 거야." 할머니의 바람처럼, 미국도, 한국도 변했으면, 더 나아지면 좋겠다. 그리고 다리가 짝짝이인 아이를 데리고 수영장에 가도, 사람 많은 놀이공원에 가도 아무런 거리낌이 없는 내가 될 수 있다면 좋겠다. 타인의 시선에 지레 움츠러들어 다리를 가리지 않아도 되는, 짝짝이 다리를 가진 사람들이 마음껏 시원한 반바지와 예쁜 치마를 입는 그런 날이 왔으면 좋겠다. 그런 세상을 만들기 위해 나와 함께, 때로는 나를 대신해 큰소리칠 수 있는 사람들을 만나고 싶다. 사람들과 함께, 어딜 가나, 10만 명 중 단 하나여도 외롭지 않은, 로봇 다리로 활보해도 괜찮은, 그런 곳을 만들고 싶다.

인형 같은 아이, 아이 닮은 인형

"어이구, 꼭 인형 같이 생겼네! 예뻐라!"

생김이 예쁜 아이들을 보면 우리는 흔히 이렇게 말한다. 지금의 얼굴로 보나, 사진 속 어릴 적 모습을 보나 지극히 평범한 외모를 지닌 나는, '사는 모습'이 예쁘다는 얘기를 들어 본 적은 있어도, 외모가 예쁘단 말은 들어 본 기억이 없다. 하지만 그렇다고 특별히 남들에게 예뻐 보이고 싶단 생각을 해본 적 없다. 웬 근거 없는 자신감인지 몰라도, 나는 내 모습 그대로 사는 것에 대체로 만족했다. 요즘 흔한 쌍꺼풀 수술은커녕 남들 다 하는 화장을 제대로 해본 적 없고, 눈썹 한번 다듬어 본 일이 없다. 내가 그렇게 살아왔기 때문에 예뻐지고 싶어 하는 사람의 욕구를 잘 이해하지 못했다.

그런데 신체 외양이 다른 아이를 낳고, 아이를 둘러싼 세계를 직간접적으로 느끼면서 새삼 깨달았다. 어릴 적부터 '예쁜' 것에 둘러싸여 자라는 아이라면, 늘씬하고 눈이 큰 인형을 가지고 놀며 그 인형에 비유되고 비교되며 자란 아이라면, 당연히 더 예쁜 외모를 원할 수밖에 없을 거란 생각이 들었다. 선명하고 화려한 색상의 장난감에 둘러싸여 자라는 아이일수록 덜 선명하고 덜 화려한, 작고 사소한 것에 대한 이해나 관심이 떨어지리라는 것도 쉽게 짐작해 볼 수 있다. 그런 가치관과 문화가 아이들 세계에 깊숙이 뿌리내릴수록 아이들 또한 사람의 외모를 '예쁨'과 '안 예쁨'으로 구분하고, '예쁜' 것은 '좋은' 것이고 '예쁘지 않은' 것은 '나쁜' 것이라는 잘못된 가치판단에 다다르기 쉽다. 만약 장애나 질환 때문에 조금 다른 외모를 가진 아이가 잘못된 가치판단에 근거해 자기 자신을 평가하게 된다면 어떨까? 실제로 KT 모임의 한 엄마는 아이가 학교에 다니기 시작한 지 얼마되지 않아 스스로 자신의 모습을 '장애인 같다'라고 표현하며 불평하는 걸 듣고 깜짝 놀랐다는 얘기를 전했다. 사람마다 외모가 다르며, 그것은 좋고 나쁨의 문제가 아니라는 걸 아이들이 깨우칠 수 있도록 도와야 하지 않을까. 무엇보다 아이들이 손쉽게 접하게 하는 장난감, 책, 영상물을 통해 그런 이야기를 들려줘야 하지 않을까.

몇몇 나라에서는 그런 움직임이 조금씩 일어나고 있는 것 같다. 일례로 이곳에서는 아이들의 그림책과 영상물, 장난감에 휠체어를 타는 캐릭터가 등장하는 걸 종종 볼 수 있다. 아이가 다니는 어린이집에 갖춰져 있는 장난감 인형 사이에서 '휠체어 탄 아이'와 '목발 짚은 사람'을 발견했을 때, 다행이란 생각을 한 적이 있다. 부모들이 보는 잡지에 장애 아동이 표지 모델로 나오고, 엄마 모임에 장애 아동 지원센터 사람이 나와 장애에 대한 인식 개선을 위한 교육 프로그램을 제공하는 것도 아마 그런 맥락에서 시작된 일일 것이다. 장애가 있는 아이들을 '배려하기 위해' 마지못해 넣는 일도 있겠지만, 우리가 사는 세상에 다양한 사람이 어울려 함께 살고 있음을 보여 주는 데 필요한 일이라는 공감대가 넓어지고 있다.

주변의 여러 미국인이 "20, 30년 전과 비교하면 많이 좋아진 거다"라고 말하는 걸 보면, 미국에서도 이런 움직임이 시작된 건 비교적 최근인 것으로 보인다. 1990년대 초『미의 신화』 Beauty Myth라는 책에서 나오미 울프Naomi Wolf가 지적한 '외모 지상주의'가 만연한 미국 사회의 여러 단면이 지금의 한국 사회와 거의 비슷한 수준인 걸 보면, 미국 사회도 20, 30년 전엔 크게 다르지 않았고, 또 그렇기에 지금도 근본적으로는 크게 다르지 않다고 볼 수 있다. 하지만 분명 변화하고 있다. 제도가 변화하자, 사람들의 인식과 문화가 그에 발맞추어 달라지고 있다.

이런 변화 속에서, 최근 영국의 한 인형 업체가 내놓은 인형이 특히 미국 KT 서포트 그룹에서 주목받았다. 두꺼운 안경을 쓰고 지팡이를 짚은 아이, 청각 장애로 인공 와우cochlear를 장착한 아이, 그리고 얼굴에 붉은 얼룩이 있는 아이를 인형으로 구현했다. 인형들은 '나 같은 인형'Toy Like Me이라는 한 민간 프로젝트에서 출발했는데, 이 프로젝트는 철저히 비장애인 세계 중심으로 만들어진, 예쁘고 화려한 인물만 제공하는 장난감 산업에 문제를 제기하고자 했다. 간혹 다리가 부러진 남자아이나 휠체어를 탄 노인 남성을 재현한 인형이 있지만, 그런 장난감 구성은 또 그것대로 아쉬운 면이 있다. 성별과 나이에 따른 편견을 조장하기도 하고, 선천성 장애와 희소 난치 질환을 겪는 사람이 배제되어 있기 때문이다.

좀 더 다양한 삶의 모습을 보여 줄 장난감이 필요하다는 생각에서 탄생한 '나 같은 인형' 프로젝트에서 만들어진 인형 중 얼굴에 붉은 얼룩이 있는 인형이 특히 KT 서포트 그룹에서 호응을 얻었다. 클리펠-트레노네이 증후군의 세 가지 특징 중 하나가 몸 곳곳에 나타나는 포도주 빛 얼룩이기 때문이다. KT 환자 대다수는 몸 어딘가에 이 얼룩을 갖고 있다. 그중에서 상체, 특히 얼굴에 있는 경우는 비교적 드물지만, 우리 아이처럼 허리와 엉덩이, 허벅지, 무릎, 발등에 있는 경우도 있고, 다른 경우 팔과 어깨, 손등에 있는 사람도 있다. 때로는 온몸 군데군데에 나타나기도 한다. 그러니 특히 이 인형이 KT 아이들에겐 반가울 수밖에 없다.

인형을 보며, 나는 J를 가장 먼저 떠올렸다. KT를 가지고 태어난 J는 한국에서 태어난 지 몇 개월 만에 미국으로 입양됐다.

KT 중에서도 드문, 전신에 걸쳐 증상이 나타나는 경우였다. J는 얼굴에도 포도주 빛 얼룩이 선명했는데, 얼굴 부위의 얼룩은 다리와 다르게 레이저 시술로 어느 정도 치료가 가능해 지금은 많이 사라졌다. 서포트 그룹 활동을 하면서 알게 된 J의 미국인 엄마와 소식을 주고받으며 J의 사진을 전해 받을 때마다, 나도 모르게 다행이란 생각을 하게 된다. 얼굴에 얼룩을 가지고 태어난 여자아이가 한국 사회에서 어떤 삶을 살게 될지 충분히 짐작하고도 남기 때문이다. 장애와 질환으로 다른 외모와 능력을 갖춘 사람이 열등한 존재로 낙인찍히고, '끼리끼리 살라'거나 '나다니지 말고 집에 처박혀 있어라'라는 폭언을 수시로 들어야 하는 사회에서는 J와 같은 외모를 가진 사람은 '없는' 혹은 '없어야 하는' 존재나 마찬가지다.

아이들에게 예쁘고 늘씬한 인형, 멋진 체격과 용모를 갖춘 인형만을 쥐여 주는 건, 다른 모습으로 태어난 존재를 배제하고 동시에 아이들을 특정하게 구획된 세계 속에 가두는 것과 같다. 가지고 노는 장난감부터 경계가 뚜렷한 세계를 경험하는 아이들이 과연 바깥의 다른 세계를 자연스럽게 받아들이고 이해하게 될까? 아니, 지금까지 우리가 그랬던 것처럼, 아이들 역시 자신을 스스로 압박하고 비교하느라 고통받으며, 바깥의 다른 존재와 그들 세계에 점점 더 무관심해질 것이다.

알 수 없는 이유로 피할 수 없는 운명을 안고 태어나는 아이들이 있는 한, 그리고 개인과 사회의 필요와 선택에 따라 한부모

가정과 다문화 가정, 이주민 가정이 늘어나는 한, 아이들도 어릴 적부터 다양한 삶의 모습, 다양한 조건과 다양한 세계를 접할 수 있어야 한다. 세상엔 눈이 크고 몸매가 날씬한 여자아이, 용감하고 힘센 남자아이만 있는 것이 아니다. 우리가 부러워하고 원할 것은 '인형같이 예쁜 아이'가 아니라 '아이를 닮은 인형'이어야 한다.

자폐, 그건 어쩌면 우리의 이름

주말마다 동네 모임에서 나란히 자폐범주성장애 진단을 받은 초등학생 형제를 만나고 있다. 형은 걷고 뛰는 걸 좋아해서 가만히 앉아서 하는 활동을 하지 못하고, 동생은 말이나 행동 없이 엄마에게 안겨 있기를 좋아해 교실 활동을 하지 못한다. 그래서 이 아이들은 보통 잠깐씩만 교실에 머물다가 밖으로 나가곤 한다. 형인 아이가 내가 맡은 반에 속해 있지만, 아이와는 이렇다 할 얘기 한마디를 못 해봤다. 그저 마주치면 "안녕?" 하고 인사할 뿐이었다.

그러던 어느 날, 저학년 교실에 들어갈 성인 인력이 모자라 내가 대신 가게 됐고, 그 교실에서 처음으로 동생인 K를 가까이 만났다. 우리 앞에는 색색의 도화지와 사인펜, 색연필이 놓여 있었고, 각자 자기 가족 이야기를 그림으로 표현해 보는 시간이었다. 가족과 무엇을 하며 시간을 보내는지, 누구와 가장 친하고 누구를 가장 좋아하는지, 좋을 땐 언제고 싫을 땐 언제인지 등을 그림으로 그려 보기로 했다. 다른 아이들보다 조금 늦게 교실에 들어온 K가 엄마 품을 떠나 내 옆에 와서 앉았을 때, 속으로 깜짝 놀랐다. 그리고 잠시 후 더 놀라운 일이 벌어졌다. 아이가 내 손을 덥석 잡고는 제가 원하는 색깔의 펜을 쥐여 주는 것이 아닌가. 얼떨떨한 얼굴로 멀뚱히 앉아 있는 내게 아이는 난데없이 이렇게 말했다. "A!"

응? A? 알파벳 A? 뭐지? 하는 갸우뚱한 표정으로 아이 엄마를 쳐다봤지만, 엄마는 웃으며 *끄덕끄덕*하기만 할 뿐 아무 말이 없었다. 뭔지 모르겠지만 일단 도화지에 A를 썼다. 그랬더니 아이가 다시 내게 "A!" 하고 외쳤다. 바로 옆에 다시 A를 쓰려는데, 아이가 내 손을 꽉 잡고는 아니라며 도리질을 한다. 그리고는 내 손을 멀찍이 옮겨 다른 곳에 가져다 놓는다. 그곳에 A를 썼다. 그다음 주문은 '바'bar였다. 두 개의 A를 하나의 선으로 연결하라는 의미였다. 그리고서 '줄'string 두 개를 그리고 그 줄 두 개 사이에는 '의자'seat를 놓으라고 했다. 여기까지 그리고 나서야 깨달았다. 아이가 그려낸 것이 다름 아닌 그네였다는 것을.

그렇게 아이는 놀이터의 놀이 기구를 하나하나 그려 냈다. 비록 아이의 지시대로 내가 그린 것이지만 말이다. 그네, 미끄럼틀, 시소, 잔디밭을 차례로 그린 다음, 그네에 사람을 하나 태웠다. 사과나무도 그렸다. 이윽고 아이는 미끄럼틀 그림 위에 펜을 쥔 내 손을 가져다 놓고는 "위이이~" 하고 소리를 냈다. 뭔가 했더니, 펜으로 미끄럼틀을 타고 내려가라는 뜻이었다. 그래서 곧 미끄럼틀 위에 색색의 물결이 그려졌다. 아이의 "위이이~"소리에 맞추어 물결 모양을 그리며 펜으로 미끄럼틀을 탔다. 중간중간 특정한 말과 행동을 반복하는 경우가 종종 있었지만, K는 제법 오랫동안 차분히 앉아 나와 함께 그림을 그렸다. 수업이 끝날 때쯤엔 비슷하지만 조금씩 다른 놀이터 그림이 두 장이나 완성돼 있었다.

그날, 집에 와서도 한참 그 시간을 생각했다. 비록 의학적으로 자폐 진단을 받은 건 K이지만, 어쩌면 진짜 자폐는 그가 아닌 내게 있을지도 모른다는 생각이 떠나지 않았다. K에게도 누군가에게 말하고 싶은 이야기가 있고 그걸 표현할 수 있는 자기만의 방법이 있다는 걸 전에는 몰랐다. 난데없이 "A!"하고 시작된 외침이 미끄럼틀을 타고 내려오는 색색의 물결이 되었다. K가 가진 이야기, 능력, 마음, 그 모든 것이 내 눈에 보이지 않았던 건, 어쩌면 내가 그 아이를 향해 눈을 열지 않았기 때문이 아닐까. 닫힌 마음, 닫힌 시야. 이게 자폐가 아니라면 뭔가.

K처럼 자폐 진단을 받은 아이에게도 자기만의 능력과 방법이 있다. 뜻밖의 창의력을 발휘하는 순간이 있고, 굳이 창의력이라는 이름으로 포장하지 않더라도 여느 아이들처럼 배움과 연습을 통해 어떤 기술을 연마할 수 있다. 중요한 건 편견 없는 눈

과 있는 그대로 받아들이는 열린 마음, 그리고 그에 따른 관심과 지원이다.

일전에 자폐에 관한 특강이 열렸던 날, K의 엄마가 일러 준 대로, 발달장애가 있음이 '자라지 않음'을 의미하는 것은 아니다. 아이의 부모로서 명심해야 할 것은 내 아이도 남의 아이도 누구나 예외 없이 저마다의 속도로, 자기만의 색깔로 자란다는 사실이다. 남의 아이가 어떤 이유로 더디 자란다고 무작정 안타까워하거나 거리를 두려 하지 않고, 내 아이가 남의 아이보다 뒤처진다고 조급해하지 않고, 또 내 아이가 남의 아이보다 앞서간다고 우쭐하지도 않아야 한다.

그리고 무엇보다도 눈과 귀와 마음을 열고 '자폐' 상태를 벗어나려 부단히 애써야 한다. 내 아이라고 해서 나의 시선에, 나의 판단에 가두지 않기. 아이의 속도와 방향이 나의 바람과 엇갈린다고 해서 비난하거나 실망하지 않기. 타인의 삶을 함부로 판단하고 구분 짓지 않기. 부모가 된 이들이 이런 생각과 마음을 널리 공유할 때, 그때야 비로소 모든 아이가 건강하고 행복하게 성장할 수 있다.

우리 균도, 우리 KT

얼마 전, 엄마 모임에 동네 자폐지원센터 소장이 초대되어 엄마들과 함께 자폐에 관한 이야기를 나누었다. 지난번 K와 함께 그림을 그리며 뜻밖의 경험을 했어도 자폐 등 발달장애에 대한 나의 이해도는 여전히 매우 낮았다. 그래서 조금 더 깊은 이야기를 들어 볼 수 있을 것이라는 기대로 모임에 나갔다. 그런데 놀랍게도 이 모임에는 나보다도 경험 없는 엄마들이 꽤 많았다. 생각보다 기본적인 질문들이 많이 오갔다.

무엇보다도 엄마들을 충격에 몰아넣은 것은 미국 내 자폐 발생률이었다. 요즘 미국 의학계는 '자폐증'autism보다는 '자폐범주성장애'라는 용어로 진단 내리고 있다. 즉 자폐의 가장 경미한 정도를 가로축의 한끝에 놓고, 가장 심한 정도를 다른 쪽 끝에 놓은 다음 그사이에 다양한 정도와 증상을 보이는 자폐 환자가 존재한다고 본다. 미국질병통제예방센터CDC의 자료에 따르면 현재 미국에서 자폐범주성장애는 아동 68명 중 한 명꼴로 나타나고 있다. 기존에 아스퍼거증후군, 고기능자폐로 불리던 질환도 이제 모두 '자폐범주성장애'로 진단되기 때문에 아무래도 범주가 넓어진 탓도 있겠지만, 그렇다 하더라도 1:68의 비율은 굉장히 높게 느껴졌다.

그다음으로 충격적이었던 것은 자폐의 원인에 대한 다양한 견해들이었다. 여러 가지 가설이 있지만, 자폐의 원인으로 밝혀진 것은 아직 없어 더 많은 추측이 나오는 형국이다. 이날 우리와 이야기를 나눈 자폐지원센터 소장은 고학력자 부모에서 난 자폐 아동이 많은 점과 각종 환경 유해 물질의 폐해를 우리가 다 알지 못하는 점을 조심스레 거론했다. 이곳 대학은 공학 계열로는 미국 내 최고 순위를 자랑하는데, 센터에 찾아오는 부모의 상당수가 이 대학 공학 분야의 교수나 강사라고 한다. 단정 지을 수는 없지만, 기계나 컴퓨터로 작업하는 시간이 길어 폐쇄적일 수밖에 없는 작업환경이 유전적 영향을 미치지 않았을까 추정하는 것이다. 게다가 미국은 세계 어느 나라보다 더 크고 오래된, 온갖 공해의 주범 아니던가. 대량생산과 소비에 길든 지 오래인, 과대 포장과 오염된 식재료, 가공식품과 유해 물질의 천국이니, 미국의 환경문제를 자폐 발병률과도 연계해 보는 게 무리는 아니라는 생각이 들었다.

높은 발병률에도 그나마 다행인 것은, 비교적 자폐 아동에 대한 지원 체계가 잘 되어 있는 점이다. 동네마다 있는 전문 인력 센터와 환자·보호자로 이뤄진 자조 모임, 주 정부와 연방 정부에서 보조하는 각종 프로그램이 자폐아 가족의 짐을 조금이나마 덜어 준다. 반면 한국은 병원이 진단만 내릴 뿐, 추후 조치 대부분이 환자와 보호자의 몫으로 남겨지는데, 바로 이 점 때문에 각종 질환과 장애가 있는 가족들이 힘들어하고 있다. 환자와 보호자들이 혼자 힘으로 모든 걸 해결해 나가다 보니 그 짐이 버거워 결국 삶을 등지는 일마저 벌어진다. 누구에게나 닥칠 수 있는 일임에도, 어디를 찾아가야 하고 어떤 도움을 받을 수 있는지 어느 곳도 알려 주지 못한다. 당사자나 그 가족이 아니면 누구도 모를 만큼 문제에 무감각하다.

『우리 균도』*라는 책은 바로 그런 현실 속 발달장애인 가족의 이야기를 직접 들려주고 있다. 유아기에 자폐 진단을 받고 어느새 이십 대 청년이 된 발달장애인 균도 씨의 아버지 이진섭 씨는 균도 씨가 고등학교를 졸업하던 2011년, 더는 갈 곳 없는 아들의 손을 잡고 길을 나섰다. 발달장애인에 대한 사회적 관심과 제도적 지원이 없어 고등학교 이상의 교육을 받기도, 취업하기

◆ 이진섭, 『우리 균도』, 후마니타스, 2015.

도 불가능한 현실 속에 놓인 아들을 붙들고, 그 아들이 가장 좋아하고 잘 하는 일인 '걷기'를 함께 해보기로 했다. 균도를 기르며, 아니 균도의 자폐와 함께 '살면서', 가족에게 가장 절실한 문제였던 '발달장애인법' 제정을 요구하며 길을 걸었다.

그냥 한 번의 개인적인 여행으로 끝날 수도 있었던 두 사람의 걷기에 불을 지핀 건, 뜻밖에도 후쿠시마 원전 사고였다. 원전에서 고작 3킬로미터 떨어진 곳에서 태어난 발달장애인 아들, 그 동네에 살며 직장암에 걸린 당신과 갑상샘암에 걸린 아내, 위암에 걸린 장모. 이쯤 되면 균도 씨 가족의 삶에 원전이 어떤 식으로든 연관 관계가 있지 않을까 생각해 볼 수밖에 없었을 것이다. 한 번쯤은 아픈 아내를 위해서도 소리쳐 봐야겠다고 생각한 균도 아버지는 한국수력원자력을 상대로 건강권 소송을 하기에 이른다. 처음엔 그저 '아들과 손잡고 걷기'였던 일이 어느새 '장애 운동'이 되었고, '탈핵 운동'으로까지 이어진 것이다. 내가 균도네 이야기를 언론에서 접하게 된 것도 이 때문이었다.

그 길목에서 많은 장애인 가족이 두 사람과 함께 걸었고, 위로와 감사를 주고받았다. 장애인 가족뿐이 아니라 노동·환경·건강 등의 다양한 문제로 힘겨운 싸움을 이어 나가던 많은 곳에도 두 사람의 발길이 닿았다. 그렇기에 이는 두 사람만의 이야기가 아니다. 균도는 균도 아버지만의 자식이 아니라 바로 '우리' 아이, '우리 균도'이기도 하다. 사람들은 장애와 질환이 어떤 특정한 사람에게 선택적으로 찾아오는 것이 아니라, 누구에게나 일어날 수 있는 일이라는 걸 너무 모른다. 그게 어쩌면 개인의 편의와 안락을 위해 만들어 온 환경 때문일 수도 있는데, 많은 사람이 아직도 이 질문을 외면하고 싶어 한다.

이 질문이 너무 터무니없다고 생각되거나 어딘지 불편한 느낌이 든다면, 다른 시각에서 생각해 봐도 좋다. 생명이란 너무도 신비해서, 찰나의 순간에 생긴 아주 작은 변화만으로도 다른 모습으로 탄생할 수 있다. KT도 바로 그런 예 중 하나다. 그리고 질환과 선천성 이상이 그 자체로 '문제'인 것이 아니라 사회적 관계 속에서 '장애(문젯거리)가 된다'는 것을 알 필요가 있다. 영국의 장애 운동 단체인 신체장애인연합UPIAS은 손상impairment이 있는 사람들을 장애인으로 만드는 것은 바로 사회라고 말한다. 같은 맥락에서, 장애와 비장애의 경계에 서 있는 아이를 둔 엄마로서 나는 질병과 장애가 있는 '몸'을 고치는 것보다 더 중요한 건 그 몸을 있는 그대로 받아들이고 함께 살지 못하는 우리 '사회'를 고치는 일이라고 생각한다. 장애를 그렇게 이해한다면 각자의 생김과 능력을 존중하며 함께 살아갈 길을 만들어 나갈 수 있지 않을까? 그런 이해가 있을 때, 비로소 균도를 '우리' 아이로 품고 키워 세상 밖으로 내보낼 수 있을 것이다.

무엇보다 먼저 할 일은 그동안 잘 보이지 않고 들리지 않았던 수많은 '균도'를 찾아 그의 이야기를 들어 보는 것이다. 먼저 책을 통해 그의 이야기를 들어 볼 것을 권한다. 동네 도서관에 신청해 마음 맞는 주변의 부모와 함께 읽고 이야기해 보는 것도 좋겠고, 내친김에 동네 도서관에 건의해 균도 씨와 아버지를 직접 모셔 보는 것도 좋겠다. 나는 비록 멀리 있지만, 균도와 KT가 함께 걸을 그 길을 이렇게나마 조금 닦아 주고 싶다. 그 일에 더 많은 사람이, 더 많은 엄마 아빠가 동참하면 좋겠다.

특별하지 않아도 괜찮아

다큐멘터리 한 편을 보았다. 자폐범주성장애, 발달장애 진단을 받은 청년 여럿이 모여 관악 연주단을 꾸리고, 연주단 이름으로 사회적 협동조합 인가를 받아 직업 음악인으로서 첫발을 내딛는 이야기를 담고 있었다. 청년들과 엄마들의 노고, 음악 연습과 협동조합 준비 과정에서 겪는 여러 갈등 국면을 보며 나는 감동을 압도하는 어떤 불편함을 느꼈다.

왜 각종 매체에서 다루어지는 장애 관련 이야기들은 여전히 '극복'의 서사일까? 그것도 지독한 훈련과 거듭되는 좌절 속에서 길어 올리는 성공기가 주를 이룬다. 우리가 책, 드라마, 영화, 다큐멘터리에서 만나는 장애인들은 이렇게 각고의 노력 끝에 철인이 된, 그래서 어떤 면에서는 장애를 일부 극복했다고 여겨지는 특별한 사람들이 대부분이다. 장애가 있는 아이 중 특별한 재능을 보이거나 지독한 훈련을 통해 기술을 연마한 아이들이 매체의 관심 대상이 되고, 그런 아이에겐 '로봇 다리'라든가 '천재 자폐 소년' 같은 별칭이 붙기도 한다. 그런가 하면 한편에서는 '장애에도 불구하고' 희망을 잃지 않고 살아가는, 늘 최선을 다하며 행복하게 살아가는 사람들 이야기가 관심을 끈다. 마치 장애가 있으면 결코 일하고 사랑하고 사랑받으며 살 수 없다는 듯이. 어떤 방식으로든 장애를 극복·해소해야만 잘 살 수 있고, 그게 아니면 그저 현실에 순응해야 한다는 듯이.

물론 그쪽이 현실과 더 가깝긴 하다. 존재를 인정받기 위해서는 뭐라도 하나 잘하는 것이 있어야 하고, 그렇지 않다면 주어진 조건에 순응해 착하게, 열심히 살며, 그저 소박한 꿈을 이루는 것. 하지만 장애인이 행복하게 사는 것이 거의 불가능한 것은 비장애 인구를 중심으로 돌아가는 사회나 누구에게나 같은 기준을 들이대며 강요하는 사회 때문이지, 장애 자체의 문제가 아니다. 그런데도 미디어에서는 여전히 장애인은 무언가 하나라도 평범함을 뛰어넘을 정도로 월등해야만, 그래서 장애가 어느 정도 가려져야만 겨우 '사람'으로, 사람의 '삶'으로 인정받을 수 있다는 걸 강조하는 것 같다.

장애 극복의 서사에 등장하는 부모의 모습도 언제나 똑같다. 장애아가 있는 가정이라고 해서 반드시 불행하기만 한 것이 아니고, 그 부모라고 해서 언제나 아이 뒷바라지하기가 힘겹기만

한 것도 아닐 텐데, 흔한 장애 극복기 뒤에는 늘 양육자의 눈물 겨운 분투가 때로는 영광으로, 때로는 안타까움으로 비친다. 그리고 이런 서사들이 시청자에게 던지는 마지막 메시지는 늘 이런 식이다. "봐라, 이런 어려움도 극복해 내며 살지 않냐?" "끝까지 노력하면 당신도 극복할 수 있다."

이런 메시지는 장애 인구와 비장애 인구 모두에게 폭력적이다. 비장애인 사회도 크게 다르지 않지만, 장애 인구 사이에서 이런 '차별성'은 개인의 성향과 재능, 부모의 사회경제적 층위에 따라 크게 달라질 수밖에 없기 때문이다. 매체에 등장하는 '특별한' 장애인의 노력이나 그를 향한 찬사와 대조되는 현실의 '평범한' 장애인 당사자와 그 가족은 하루하루 특별할 것 없는 일상 속에서, 때로는 격렬한 일상적 투쟁 속에서 살아간다. 그리고 그들의 일상과 갈등은 이 세계에서 철저히 숨겨지고 무시된다. 왜 장애인과 장애인 가족의 이야기는 꼭 그렇게 눈물, 희생, 감동이 수반된 뼈를 깎는 노력으로 포장되어야 하는 걸까. 장애를 '벌충'하기 위해 꼭 무언가 특별해야만 하는 걸까? 그냥 있는 그대로의 다양한 삶을 인정하고 받아들일 순 없는 걸까?

처음 우리 가족의 일상을 공개적으로 쓰겠다고 마음먹었던 것도 그런 이유에서였다. 장애와 비장애의 경계에 서있는 아이의 일상과 갈등을 공유함으로써 질환과 장애와 함께 살아가는 아이, 그 아이와 함께 사는 부모도 여느 가정과 다름없는 고민과 갈등, 행복과 기쁨을 느끼며 산다는 걸 보여 주고 싶었다. 힘든 이야기는 힘든 대로, 즐거운 이야기는 즐거운 대로, 가감 없이 그대로 받아들여지기를 원했다. 그리고 우리의 이야기를 통해, 질환이나 장애 없이 태어난 아이와 그 부모 역시 조금은 느슨하고 여유롭게 아이들을 대할 수 있기를 바랐다. 하지만 때때로 사람들은 '위로'의 메시지를 보내왔고, 그 메시지 속에는 동정인지 칭찬인지, 무엇인지 모를 불편함이 덧붙여 있었다. 특히 아이와 나를 향해 '대단하다'라는 찬사를 보내오면 나는 그 말 뒤에 붙은 괄호에 동정이 담겨 따라오는 것 같아 불편했다.

튀어야만, 무언가 남보다 월등히 뛰어나야만 인정하는 분위기, 남의 수고와 노력, 기쁨과 슬픔을 굳이 들여다보며 자기 위안을 얻거나 그 때문에 감동하는 분위기, 자기보다 열악한 처지에 있는 사람이 열심히 사는 것을 보며 그렇지 못한 자신을 채찍질하는 분위기, 그중 어느 것도 이로운 게 없다. 더 다양한 삶의 모습을 있는 그대로 내보이고 또 그만큼 있는 그대로 받아들이는 연습이 필요하다. 어떤 판단이나 평가를 쉬이 내리지 않고, 섣부른 위로의 메시지나 찬사를 남발하지 않고, 듣고 끄덕이고 받아들이는 연습 말이다. '(장애가 있는 아이도) 노력하면 성공할 수 있다!'라는 메시지가 담긴 방송은 그만 보고 싶다. 그 대신 특별하지 않아도 괜찮다, 잘 하는 것이 없어도 된다는 이야기를 더 많이 듣고 싶다. 그저 그런 소소하고 평범한 이야기를 더 자주 만나고 싶다.

다리를 잃는다 해도 겁나지 않을 세상

십수 년 전, 또래들 사이에서 빈번하게 쓰이던 말이 있다. "애자냐?" 어이없는 말이나 행동을 하는 친구에게 핀잔한답시고 던지는 말이었다. 물론 그 말은 '장애자냐?'라는 말에서 첫 글자를 뺀 것이었다. 비록 내가 직접 그 말을 뱉은 적은 없지만, 돌이켜 보면 나는 친구들이 그런 말을 할 때 별생각 없이 따라 웃었던 것 같다. 그렇게 내 무의식 깊은 곳에는 차별과 혐오에 기반을 둔 언어가 자리 잡았고, 아이 엄마가 된 이후에도 문득문득 발견되는 그런 '의식 없음'은 나를 머쓱하게 했다가, 이내 부끄럽게 한다. 말보단 글에 강한 나 자신의 특성을 두고 '말 병신'이라고 표현한다거나, 어이없는 일에 관해 얘기할 때 경상도에서 흔하게들 쓰는 '지랄하고 있네' 같은 말을 내뱉는 것이 그 예다.

고3 때인가 영미권에서 차별적 언어를 대체하기 위해 쓰이는 '정치적으로 올바른'politically correct 언어에 대해 배운 적이 있다. 소방관이나 경찰관을 지칭하는 영어 단어에서 일반적으로 남성을 의미하는 '맨'man을 빼고 대안적인 단어를 써야 한다는 정도의, 가벼운 교양 상식 수준으로 배웠던 것 같다. 대학에서 영어 전공을 했으니 소위 'PC'라고 불리는 문화 현상에 대해서도 더 배웠을 텐데, 특별히 기억나는 것은 없다. 추측해 보건대 관념적으로, 유행처럼 가르치고 받아들였기 때문일 것이다. 실제로 'PC'는 미국에서도 교육받은 '교양 시민' 사이에서 유행처럼 번져 나간 부분이 있다. 하지만 이 '정치적 올바름'은 결코 관념적으로 가르치고 배우고 외워서 만들어 갈 수 있는 게 아니다. 정치적으로 올바른 언어생활을 할 수 있으려면, 먼저 우리의 생활 체계가 그렇게 바뀌어야 한다. 다시 말하면, 차별적 언어를 쓰지 않기 위해서는 실제로 차별 없는 사회가 만들어져야지, 언어만 의식적으로 바꾼다고 되는 게 아니다. 반대로, 제도와 문화가 재정비되었더라도 사회가 공유하는 언어가 그대로라면, 아무것도 바뀌지 않은 것이나 다름없다.

고백하건대, 아이가 태어난 후 나를 가장 몸서리치게 했던 상상이 바로 우리 사회에 만연한, 이런 차별적 언어와 관련한 것이었다. 아이가 한국에서 태어났다면 아이의 생애 첫 꼬리표는 분명 '다리병신'이었을 것이다. 여름철에 반바지를 입혀 놀이터에 나가면 아이 어른 할 것 없이 한쪽으로 비켜서서 수군거렸을 것이고, 그래서 아이가 또래 아이들과 어울리지 못하거나 따돌림당하는 상황을 일찍부터 맞닥뜨려야 했을 것이다. 생각이 거기에 미칠 때마다, 차라리 아이가 타국에서 태어난 것이 다행이라고 생각했다. 앞으로 어떨지 모르지만, 적어도 생후 첫 몇 년간 만난 세계는 아이에게 적대적이지 않았고, 그 덕분에 지금까지 아이가 자신의 신체적 조건과 상관없이 건강한 자아를 만들어 올 수 있었다. 꼭 필요한 경우가 아니면 아이 다리가 왜 이런지 굳이 묻지 않고, 혹 궁금증이 생겨 묻게 되더라도 불필요한 감정적 반응은 하지 않는 사람들 덕분에 나 역시 평정을 유지하고 있다.

아이가 어린이집에 다니는 동안에도, 아이의 신체 때문에 또래 아이들이나 부모로부터 어떤 시선을 받거나 폭력적인 말을 듣는 경우는 없었다. 어째서 이렇게 아무도, 아무 말도 하지 않을까 의아할 정도다. 그런데 가만히 보니 이들은 워낙 주변에서 이러저러한 희소 질환과 장애를 겪는 사람들을 많이 보기 때문에 우리 아이가 특별히 달라 보이지 않나 보다 하는 생각에 미쳤다. 알고 보니 보육 교사 중 한 사람의 딸도, 또 어린이집 원장의 아들도, 이곳에서 일반적으로 '스페셜 니즈'special needs라고 칭하는, 장애 또는 특수 질환을 앓는 아이들이라고 한다. 물론 여기라고 장애가 있는 사람이 전혀 차별받지 않는 건 아니겠지만, KT와 같이 흔치 않은 질환, 그로 인해 생소한 생김을 가진 아이를 보면서도 아무 말도, 아무 질문도 하지 않고 그저 똑같이 대하는 사람들을 보는 것 자체가 내겐 놀라운 일이었다. 그리고 그 배경에는 어디를 둘러봐도 조금 다른 모습을 가지고 살아가는 사람들을 쉽게 볼 수 있는 현실이 존재했다.

최근 있었던 정기검진에서 의사들이 아이의 다리를 수술해 보자는 의견을 냈다. 어찌 보면 반가운 소식이지만, 쉽게 결정할 수 있는 일이 아니다. 이렇게 아무렇지도 않은 듯 잘 살고 있는데 괜히 수술했다가 잘못되면, 그래서 다시 걸을 수 없게 되면 어떡하나 하는 생각을 떨칠 수 없기 때문이다. 그 두려움은 아이가 정말 '장애인'이 되어 버리면 어떡하나, 정말로 '다리병신' 소리를 듣는 고통 속에 아이를 내던지는 일이 되면 어떡하나 하는 불안감으로 이어졌다. 늘 우리가 '경계'에 있다고 생각하면서도, 막상 그 경계를 넘어가게 될 것이, 정말 아이가 공공연히 '장애인'으로 인정받게 될 것이 못내 두려웠다.

이 문제를 놓고 미국 KT 서포트 그룹 사람들과 이야기 나누었는데, 같은 시술을 받은 미국 내 KT 환자 중에 수술로 상태가 나빠져 결국 몇 년 전 절단술을 한 사례가 있다는 걸 알게 됐다. 그런데 이 청년의 엄마가 내게 보여 준 사진 몇 장이 내 마음을 뒤흔들어 놓았다. 허벅지까지 절단한 뒤에도 의족도 없이 놀이공원에 가 자이로드롭을 타고, 춤추고, 스포츠를 즐기며, 악기를 연주하는 모습이 담긴 사진이었다. 아, 이 친구가 이렇게 살 수 있는 곳이라면, 다리 한쪽이 사라진다고 해서 인생이 끝나는 건 아니겠구나. 적어도 놀이공원에서 쫓겨나듯 나오거나 학교를 못 다니는 상황에 내몰리지는 않겠구나.

여전히 두렵다. 근본적으로는 사라지지 않을 병을 가진 아이에게 다리는 지금 상태 그대로 있어도, 이보다는 부피가 줄어도, 아니면 절단술을 하더라도 결국 '비정상'으로 남을 것이기 때문이다. 게다가 아직 유학생 신분인 우리는 남편의 학위 과정이 끝나면 어디에서 살게 될지 알 수 없는 상황이다. 수술을 결정하는 것도, 안 하겠다고 결정하는 것도 모두 쉬운 일이 아니다. 어디를 가도 아이가 온전히 존중받으며 살 수 있는 세상이 만들어져 있다면 이렇게 두려워하지 않아도 될 텐데. 그런 세상, 과연 언제쯤 만날 수 있을까.

비록 내 아이가 다른 모습으로 태어난 뒤에야 깨닫게 된 것이지만, 이제라도 깨달았으니 내가 바로 그런 세상을 만들어 가는 한 사람이 되고 싶다. 내 아이뿐 아니라 누가 언제 다리를 잃는다 해도 겁나지 않을 세상을 만들고 싶다. 차별적 언어가 사라진 사회가 아니라, 차별이 사라진 사회를 만들고 싶다. 혐오 표현이 사라진 사회가 아니라, 혐오하지 않는 사회를 만들고 싶다. 장애인 차별이 없는 사회가 아니라, 어떤 모습으로 태어나도 장애가 되지 않는 사회를 만들고 싶다. 그걸 위해 나는 무엇을 해야 하고, 무엇을 할 수 있을까. 커다란 다리를 훤히 드러내고 아무렇지 않다는 듯 깔깔 웃기만 하는 아이를 눈앞에 두고, 고민은 깊어져 간다.

불편함과 마주 보기, 다른 것과 함께 살기

요즘 아침마다 아이를 데리고 버스를 타면 시내버스 환승 센터에서 꼭 만나는 이들이 있다. 인근 고등학교의 장애 학생들과 인솔 교사들이다. 자폐범주성장애 학생, 다운증후군 학생, 지체장애 학생 여럿이 인솔 교사 여럿과 함께 시내 곳곳에 있는 장애 학생 직업 교육장에 가느라 아침마다 분주하다. 아마 일반 학교에 다니다가 특정 시기가 오면 직업교육을 받으러 기관에 다니는 모양이다. 이곳에 살면서 이런 광경을 목격하기란 그리 어렵지 않다. 학생들이 타고 내릴 때 시간이 지체되어도, 자폐범주성장애 학생들이 특유의 소리를 내거나 몸짓을 할 때도 이 학생들을 노골적으로 피하거나 못마땅해하는 사람들은 잘 눈에 띄지 않는다. 이들을 향해 언어폭력을 행사하는 사람은 더더욱 없다.

이곳에 오기 전까지, 나는 이런 장면을 마주한 경험이 거의 없었다. 한국에서는 비장애인과 장애인이 서로를 대면할 기회 자체가 별로 없다. 장애인으로 판단 혹은 진단받는 순간, 거주지도, 교육기관도, 병원도 모두 비장애인 사회와 동떨어진 곳에 배치되어 생활한다. 그들이 사는 곳에서 일어나는 비리와 부패, 폭력, 인권침해는 세월이 한참 지나서야 부분적으로 알려지고, 그나마도 큰 사회적 쟁점이 되지 못하고 금세 잊힌다. 그만큼 한국 사회에서 장애 인구와 비장애 인구는 철저히 분리된 세계에서 살아왔다. 만약 장애를 개인의 노력으로 극복하거나 의학의 힘으로 치료하거나 사회로부터 격리해야 할 것으로만 바라본다면, 그 사회는 전체적으로 건강하지 않을 수밖에 없다.

영화 〈템플 그랜딘〉은 바로 그런 이야기를 하고 있다. 영화의 주인공인 자폐범주성장애를 앓는 여성 템플 그랜딘Temple Grandin은 동물학자로 성장해 후일 미국의 대학교수가 된다. 이렇게만 보면 템플 그랜딘 이야기는 '자폐가 있는 한 사람이 그것을 극복하고 학자로 성공한 이야기'로 보일 수 있다. 하지만 영화는 템플이 자폐를 '극복'했다고 묘사하지 않는다. 오히려 그가 자신의 모습을 있는 그대로 껴안고 자폐와 '함께' 사는 것을 그린다. 템플은 촉각에 예민해 엄마조차 품에 안을 수 없던 아이였다. 그래서 곧 폭발할 것 같은 격정에 사로잡히는 순간에도 혼자서 두렵고 불안한 마음을 다스리느라 힘겨워했다. 그러다 우연히 이모네 농장에서 소를 안정시킬 때 쓰는 기구를 보고 그 기구가 자신의 불안을 덜어 주는데도 효과가 있음을 알게 된다. 바로 이 기구를 발견한 것을 계기로, 템플은 동물의 행동에 나타나는 인과관계나 동물의 심리 상태를 분석하는 데 관심을 두게 되고, 이는 훗날 그가 동물학자가 되는 데 밑거름이 된다.

템플이 건강하게, 자존감과 자신감을 가지고 학자로 성장할 수 있었던 배경은 부모와 친지, 교사와 친구, 그리고 사회가 템플이 가진 장애와의 공존을 받아들였기 때문이었다. 평생 말을 하지 못할 테니 특수 기관에 보내고 되는대로 살게 하라는 의사의 소견과 달리, 템플을 꾸준히 가르치며 한 발, 한 발 아이를 세상에 내보낸 그의 엄마, 그 과정에서 드러난 템플의 재능을 알아보고 능력을 더 키울 수 있도록 지원해 준 교사, 소에게 쓰는 기구에 들어가 웅크리고 앉은 템플을 보고 다그치거나 낙담하기보다 분명 그럴 만한 이유가 있을 것이라 믿은 이모, 그리고 그렇게 세상 속으로 조금씩 들어선 템플을 혐오하거나 내치지 않았던 무수한 사람들이 있었다. 그들이 없었다면 템플은 처음 자폐 진단을 받았던 때로부터 한 발짝도 앞으로 나아가지 못했을 것이다. 결국 그가 이룬 모든 일은 그와 그를 둘러싼 주변 세계가 그가 지닌 장애를 껴안고, 때로는 불편하고 힘들더라도 함께 살아 냈기 때문에 가능했던 일이다.

2015년, 서울 성동구의 일반 중학교에 발달장애인 작업장을 설치하기 위해 시작된 공사가 주민 반대로 무산될 위기에 처했었다. 장애인 시설을 위험하고 불결하게 여기고 혐오하는 분위기는 부끄럽고 추악한, 우리 사회의 고질적인 문제다. 여기서도 안 된다, 저기서도 안 된다, 밀리고 떠밀려서 더는 갈 곳이 없는 아이들과 그 부모들이 무릎을 꿇어 호소했고, 장애가 없는 아이들의 부모들은 자식의 '안전'을 위한다면서 끝끝내 그 호소를 외면했다. 2017년에도 서울 강서구에 특수학교를 설립하는 문제와 관련해 같은 일이 벌어졌다. 장애 인구 교육 시설이 턱없이 부족해 반드시 추진되어야 할 특수학교 설립에도 찬성과 반대 여론이 팽팽히 맞서는데, 통합 교육이나 탈시설 문제를 본격적으로 논의하려면 얼마나 더 큰 몸살을 앓아야 할까.

아픈 소식들을 멀리서 들으며, 우리는 과연 언제쯤 장애인과 비장애인이 함께 살아가는 사회를 만나게 될까 하는 생각에 참담했다. 발달장애인의 과잉 행동이 위험한 게 아니라, 발달장애인 개개인의 특성을 고려한 생활 지도와 교육을 제대로 할 수 없는 여건이 문제라는 것을 잘 모른다. 비장애 아이들이 미친 사교육의 굴레와 경쟁에 병들어 갈 때, 장애 아동들은 의무교육마저 다 마치지 못하고 있다는 것을 너무 모른다. 비장애 아이의 학업과 성공, 권리를 위해 쏟아지는 관심과 자본에 비교하면, 장애 아동에 대한 사회적 관심과 지원은 여전히 전무하기 때문이다.

그만큼 장애 아동들은 아직 이 '사회' 안에 들어와 있지 못하다. 그리고 우리는 모든 사람을 존재 자체로 가치 있게 여기는 사회를 아직 만들지 못했다. 사람을 각기 다양한 생김과 능력을 갖춘 존재로 인정하지 못하고, 하나의 기준으로 재단하려는 버룻을 버리지 못했다. 장애인 시설을 들이느니 '차라리' 원전을 들이겠다거나, 쓰레기 매립지를 들이겠다는 등의 막무가내한 대응은 우리 사회가 지금 어떤 지경까지 이르렀는지를 단적으로 보여 준다. 이런 일들을 보고 자라나는 아이들이 과연 지금보다 얼마나 나은 사회에서 살아갈 수 있을까. 낯섦과 불편함을 마주할 줄 알고, 모든 존재의 존엄을 헤아릴 줄 아는 감각. 우리는 아이들에게 이 '공존'의 감각을 물려줄 수 있을까.

빵을 달라, 그리고 장미도 달라!

3월 8일은 '세계 여성의 날'이다. 몇 년 전, 참가자 대다수가 여성이었던 한 모임에서 이날을 즈음해 각국의 행사에 관해 이야기 나눈 적이 있다. 한국에서는 여성주의에 관심 있는 사람들 사이에서나 이야기되는 정도라고 했더니, 몇몇은 적잖이 놀란 눈치였다. 그나마도 이제는 거의 모든 대학에 총여학생회가 있어 학교에서는 챙기는 분위기였다고 덧붙이면서, 나 역시 이날의 유래나 역사는 잘 모른다는 사실에 민망함을 느꼈다.

1857년 3월 8일, 뉴욕 의류 업계 여성 노동자들은 노동시간 단축, 합당한 급여 보장을 요구하며 시위를 일으켰다. 당시 여성들은 주 80시간씩 일하면서 터무니없이 적은 임금을 받았는데, 특히 봉제 공장 같은 곳에서는 작업에 쓰는 재봉틀과 실, 각종 부자재에 들어가는 비용까지 모두 노동자가 부담해야 하는 경우도 많았다고 한다. 여성 노동자들에 대한 착취로 악명이 높았던 매사추세츠의 한 면직물 공장은 '여자들은 일 시작하기 전에 아침을 먹으면 행동이 굼뜨다'라며 아침 5시에 여직원들을 출근시켜 일하게 하고, 7시에 얼마 되지 않는 아침 식사 겸 휴식 시간을 주기도 했다. 1900년대에 들어서자, 선배 노동자들의 뒤를 이어 의류 업계 여성 노동자들의 조직적인 권리 운동이 시작되었고, 1908년 3월 8일, 1만5천여 명의 여성 노동자들이 대규모 거리 행진에 나섰다. 이 대규모 여성 노동자들의 움직임에 세계의 이목이 쏠렸고, 훗날 러시아를 포함한 여러 나라에서 이날 3월 8일을 기려 '세계 여성의 날' 행사를 열게 되었다.

세계 여성의 날에 가장 많이 이야기되는 문구는 '빵과 장미'. 여기서 빵은 굶주림을 해소할 수 있는 적정 수준의 임금을, 장미는 여성의 각종 권리를 의미하는데, 이 말은 1912년 매사추세츠에서 있었던 또 다른 대규모 여성 노동자 파업에서 유래했다. 면직물 공업으로 유명한 한 도시의 당시 노동자는 대부분 이민 여성과 14세 미만의 아동으로 이루어져 있었다. 온종일 일해도 빵 한 덩어리 먹기 힘든 빈곤과 위험한 작업환경에 분개한 여성들은 결국 노동환경 개선을 요구하며 파업을 일으켰다. 이 파업 시위대가 들고 있던 팻말에 "우리에게 빵과 장미를!"이라는 문구가 쓰여 있었다고 전해진다. 훗날 켄 로치Ken Loach의 영화 〈빵과 장미〉Bread and Roses로 더 널리 알려진 이 '빵과 장미'라는 문구는 사실 제임스 오펜하임James Oppenheim이 쓴 동명의 시에 나온 것인데, 시의 한 대목을 보면 이런 내용이 있다.

As we come marching, marching, we battle too for men,
For they are women's children, and we mother them again.
Our lives shall not be sweated from birth until life closes;
Hearts starve as well as bodies; give us bread, but give us roses!

우리가 행진, 또 행진할 땐 남자들을 위해서도 싸우네.
남자들은 우리의 아이들이고, 우린 다시 그들을 돌보기 때문이지.
태어나서 죽을 때까지 우린 착취당하지 않아야 하는데,
우리의 마음과 몸이 모두 굶주리고 있다.
빵을 달라, 그리고 장미도 달라!

당시 여성들의 파업을 보면서 남성 중심의 노동운동 진영에서는 코웃음을 쳤다고 한다. 다국적 이주민 노동자로 이뤄진 여성 노동자 파업이 성공할 리 없다면서 말이다. 하지만 여성들의 생각은 달랐다. 그들의 싸움은 남성을 위한 것이기도 했다. 여성의 노동이 노동으로 취급되지 않으면, 여성에게 합당한 임금을 주지 않으면, 여성에게 사람답게 살 권리를 주지 않으면, 결국 그 대가는 모두가 지게 된다. 우리가 모두 삶의 중요한 순간순간에 여성의 돌봄을 받기 때문이다.

마트 비정규직 여성 노동자들의 파업 실화를 담은 한국 영화 〈카트〉에도 1백여 년 전의 미국 여성 노동자들이 비친다. 영화 속 여성 노동자 대부분은 자식이 있는 엄마이고 할머니였다. 잠깐 앉거나 화장실 갈 시간도 없이, 청소함 구석에 쪼그려 앉아 김밥 한 줄로 식사를 때우며 교대 근무를 하는 마트 노동자들. 나 역시 대학 때 시급 2천3백 원에 6시간 내내 서서 일해야 하는 제과점 아르바이트를 해본 적 있고, 대학원 시절엔 고시원을 청소하고 관리하는 아르바이트를 해봤다. 사람과 그의 일이 얼마나 하찮아질 수 있는지 재확인하는 노동환경이었다. 학원 강사로 일할 때도 마찬가지였다. 어디 마트 노동자뿐인가, 청소 노동자, 학습지 교사, 보육 교사, 요양 보호사 등 그 많은 '돌봄 노동'의 현장마다 열악한 환경, 낮은 임금, 차별적이고 인격적인 모독을 견디며 일하는 여성의 땀과 눈물이 스며 있다.

여성의 땀과 눈물이 꼭 노동 현장에만 있는 것은 아니다. 삶의 터전을 지키기 위해, 자식에게 다 내어 주고 남은 것이라곤 몸과 땅밖에 없어 차디찬 바닥에 맨몸을 눕혀야 했던 밀양 할머니들은 어떤가. 수학여행 떠난 아이들을 차디찬 바다에 넣어 둔 채 몇 년이나 한뎃잠을 자야 했던 세월호 엄마들은 어떤가. 직장생활을 이어 가기 위해 다시 친정어머니와 시어머니를 비롯한

다른 여성에게 기대어야 하는 우리 세대 여성들은 또 어떤가. 아이를 기관에 보내는 것도, 보내지 않는 것도 쉬운 선택이 아닌 곳에서 아이를 키우는, 연일 이어지는 사고와 만연한 폭력, 끝없는 경쟁에 아이들을 밀어 넣어야 하는 악순환에 빠진 엄마들.

엄마가 행복하지 않은 세상에서, 아이가 어떻게 행복할 수 있을까. 3월 8일 세계 여성의 날에 빵과 장미 꽃다발을 싣고 거리를 행진해 보면 어떨까. 일 년에 하루쯤은 온전히 '엄마'를 위한 축제의 날을 만들어 보는 거다. 여성이 가족과 사회 구성원을 위해 바치는 돌봄 노동에 정당한 가치를 매기는 세상을 꿈꾸며, 그 시간에도 계산대 앞에서 바삐 손 놀리고 있을 〈카트〉의 여성 노동자들을 대신해, 그 순간에도 병석에 누운 어르신들을 돌보느라 여념이 없을, 요양 보호사로 일하는 나의 엄마를 대신해 거리에 나서고 싶다. 여성을 위해, 엄마들을 위해, 그리고 우리 아이들을 위해 빵과 장미를 달라고 외치고 싶다. 빵을 달라, 그리고 장미도 달라!

교과과정에 '육아'를 넣는다면

일주일에 한 번, 한 시간 남짓. 동네 한 모임에서 초등학교 3, 4학년 아이들을 만난다. 내가 큰 아이들과 시간을 보내는 동안, 내 아이는 같은 건물에 있는 영유아기 아이들을 위한 놀이방에 맡긴다. 그 방에는 보육 총책임자인 성인 한 사람, 그리고 그를 보조하는 중고생 한둘이 함께 머물며 8명 안팎의 어린아이들을 돌본다. 방에는 각기 다른 발달단계에 있는 0~3세 아이들이 여기저기 흩어져 놀고, 세 명의 돌보미는 정해진 것 없이 이 아이 저 아이의 관심사에 따라 함께 자리를 옮기며 아이들을 돌본다. 볕이 좋아 아이들이 놀이터에 나가 놀고 싶어 하면 어른 한 사람이 더 붙는데, 한두 사람이 아직 걷지 못하는 아기들을 어깨에 옆구리에 둘러매고 돌보는 동안 나머지는 다른 아이들의 놀이를 지켜본다.

겨우 일주일에 한 번, 한 시간 동안 진행되는 프로그램에 이만한 인력이 배치되어 아이들을 돌보는 건 미국에서도 결코 흔한 일이 아니다. 이곳도 어린이집과 같은 정식 보육 기관은 극심한 인력난과 열악한 노동조건에 신음하고 있다. 그런데도 내가 활동하고 있는 모임의 구성원들이 이렇게까지 하려고 애쓰는 건, 아이들을 돌보는 일에 그만큼 높은 가치를 부여하려는 시도이자 실천이다. 아이들에게 최대한 관심을 쏟으면서도 한 사람에게 일이 너무 가중되지 않도록 조정하는 것이다.

처음 이곳을 알게 되어 드나들기 시작했을 때 특히 흥미로웠던 것은 놀이방 교실에 투입되는 중고생 돌보미들이었다. 이들은 이미 동네 안에서 방과 후나 주말에 아르바이트 삼아 이웃 아이들을 돌본 경력이 몇 년씩 된다. 이웃으로부터 신뢰를 쌓아 추천을 받고 범죄 경력의 유무를 확인하는 절차를 거치면, 이런저런 기관이나 단체의 자원 활동가로 일할 수 있다. 아무리 그래도, 십 대 아이들이 어린아이들을 돌보는 일을 한다? 어떻게 이런 일이 가능한 건지 궁금했다.

그 궁금증의 일부를 풀어 주는 실마리는 뜻밖에도 학교 교과서에 있었다. 중학교 교사인 미국인 친구에게서 미국 교과서를 얻어 재미 삼아 보던 중, 놀라운 사실을 발견했다. 한국의 교과로 치면 '가정'(Family and Consumer Science) 과목에 들어갈 만한 내용을 담은 교과서(*Life Skills*)에 두 단원에 걸쳐 육아와 보육과

239

관련된 내용이 실려 있었다. 주 양육자로서 부모의 책임과 역할, 뒤따르는 필연적인 고민과 갈등, 아동의 발달단계별 특성, 안전 지침, 위급 상황 발생 시 대처법 등, 부모들을 위한 육아서에나 나올 법한 내용이 중학교 교과서에 실려 있었다. 그중 "아이 돌보기"라는 제목의 단원은 이런 문장으로 시작된다. "부모들은 때때로 아이를 돌보는 데 다른 사람의 도움을 받아야 하는 때가 있다. 그럴 때 아이 돌보는 일을 진지하게 생각하는, 신뢰할 만한 십 대가 주변에 있다면 바로 그 사람이 아이 돌보미의 적임자가 될 수 있다." 또, "떼쓰는 아이 다루기"라는 소제목 아래에는 아이들이 왜 떼를 쓰며, 어떤 단계를 거쳐 이 행동을 잡아 줄 수 있는지 상세히 나와 있다. "아이들이 떼쓰는 행위는 일종의 문제 해결 방식으로 이해할 수 있는데, 이미 성숙한 문제 해결 방식을 배워 알고 있는 십 대 청소년들이 아이들을 도와줄 수 있다." 그래서인가, 이곳에서는 바쁜 엄마를 대신해 아이 돌보는 일을 도맡는 청소년기 아이들을 종종 볼 수 있다. 동네에서 시간제 베이비시터로 일하는 십 대 아이들, 놀이터에 어린아이를 데리고 나오는 형제자매들을 자주 보는 것도 그래서가 아닐까.

아이 돌보는 일의 의미와 보람과 갈등을 느껴 본 적도 배워 본 적도 없는 사람들에게 아이 돌보기는 '엄마만의 일'이다. 엄마니까 당연히 잘해야 하는, 엄마가 되면 잘하게 되는 일이 되어 버린다. 또 이런 인식이 강해지면 아이 돌보기는 여성이라면 누구나 할 수 있는, 대수롭지 않은 일처럼 여겨지기도 쉽다. 가정에서도 사회에서도 아이 돌보는 일이 가치 있는 일, 고된 일로 여겨지지 않는 분위기 속에서 엄마가 되어 홀로 육아의 난제를 짊어진 여성들은 끙끙 앓는다. 초보 엄마들이 숱하게 겪는 심리적 방황과 불안, 고된 육아로 인한 몸과 마음의 스트레스는 대부분 그런 부담과 자책으로부터 온다. '왜 나는 육아가 이렇게 힘들지?' '이렇게 힘들어하는 내게 문제가 있는 건 아닐까?' '내가 뭘 잘못하고 있나?' '왜 우리 애는 이렇게 떼가 많지?' 등등의 의문과 고민은 사실, 육아가 원래 힘들고 어려운 일이라는 걸 몰랐기 때문에 생기는 것들이다.

만일 청소년들이 학교에서 육아의 가치와 고됨을 배우고 겪어 본다면 어떨까? 다음 세대 부모의 경험이 지금의 우리와는 많이 달라지지 않을까? 학교교육을 통해 직간접적으로 육아를 경험할 수 있게 된다면 한 아이를 기르는 일이 여성만의 일이 아니라 함께해야 하는, 함께할 수 있는 일이라는 것을, 한 '사람'을 돌보는 일, 한 가정을 돌보는 일이 엄마만의 일이 아니라 모든 가족 구성원이 함께하는 일이라는 것을 알게 되지 않을까? 그렇게 된다면 지금까지와는 다른 돌봄 문화가 자리 잡을지도 모른다. 부모가 된 이들이 더 높은 자존감을 느끼며 아이를 돌볼 테고, 이들을 대하는 주변 사람의 태도도 달라질 것이다.

하지만 이렇게 되자면 먼저 해결되어야 할 일들이 너무 많다는 걸 안다. 육아-보육-교육으로 이어지는, '한 사람의 성장'과 관련된 사회적 인식, 국가적 제도가 제자리걸음인 이상, 교과서에 그런 내용 몇 줄 집어넣는다고 달라질 건 없어 보인다. 그런데도 학교교육 안에서 육아를 가르치고 배울 방법을 모색해야 하는 이유는 바로 우리에게 있다. 십 대 시절을 입시에 갖다 바치는 교육 현실 속에서 자라 이십 대가 되도록 자신을 돌볼 줄 몰랐던 우리가 어느새 부모가 되어 다음 세대를 기르고 있다.

이 모든 문제를 풀어 가려면 육아의 의미와 가치를 처음부터 다시 생각해 봐야 한다. 육아란 한 사람의 성장을 돕는 일이며, 그렇기에 세상 어떤 일보다도 가치 있는 일임을 남녀 모두가 인정하고, 개인의 태도와 사회제도를 바꾸어 나가야 비로소 변화가 시작된다. '독박 육아'가 아니라, '공동육아'가 필요한 때다.

나를 먹여 살린 '사회적 육아'

박사 논문 준비를 위해 한국을 방문하느라 7주간 집을 비웠던 남편이 드디어 돌아왔다. 이로써 7주간의 '독박 육아'가 끝났다. 예년과 달리 비가 자주 내려서 날씨마저 우중충했던 6월, 나의 낙은 남편이 며칠에 한 번씩 보내오는 음성 편지를 듣는 일이었다. 스마트폰을 쓰지 않는 우리가 멀리 떨어졌을 때 소식을 주고받을 수 있는 수단은 전화 통화와 이메일뿐이다. 그나마도 전화 통화는 시차 때문에 어려워 남편이 이메일로 보내는 음성 편지로 소식을 들었다. 그의 음성 너머로 복잡한 서울의 소음, 우리가 잠시 살았던 동네의 풍경이 고스란히 전해질 때마다 나도 그곳에 함께 있고 싶단 생각이 들었다. 그렇게 기다리던 남편이 오자, 아이는 아빠가 없던 시간을 보상받으려는 듯 엄마를 밀쳐 내고 '아빠 껌딱지'가 되었고, 나는 그 덕에 반강제적으로 어정쩡한 자유 시간을 누리고 있다.

여유롭게 맥주 한 캔을 손에 들고 밤늦게까지 책을 읽고, 드라마를 보고, 늦잠도 자는 틈틈이, 남편과 떨어져 지낸 그 고단한 7주를 돌이켜봤다. 짧다면 짧고 길다면 긴 7주 동안, 나는 홀로 육아하는 고달픔과 쓸쓸함, 서글픔을 뼈저리게 경험했다. 배우자와 함께 살아도 육아를 전담하다시피 하는 엄마들은 물론, 한부모 가정이나 미혼모 가정 등, 쉽지 않은 여건 속에서 혼자 아이를 돌봐야 하는 사람들의 생활을 어렴풋하게나마 짐작할 수 있었다. 가난한 살림이지만 밥 먹고 잠자는 데 지장이 없기에 망정이지, 하루하루 벌어 아이와 내 삶을 건사해야 하는 형편이라면 어떻게 살아갈 수 있을까. 더군다나 어디 하나 기댈 곳 없는 나 같은 사람이, 희소 질환을 갖고 태어난 아이와 함께. 그런 상황에서도 지금과 같은 소신과 애정으로 아이를 대할 수 있을까? 낮이고 밤이고 혼자 아이를 돌보며, 생각만 해도 아찔한 상상을 여러 번 해봤다.

말은 이렇게 하지만, 사실 나는 주변 친구·이웃의 관심과 도움 덕분에 남편 없는 7주를 제법 수월하게 버틸 수 있었다. 우선 가까이에 사는 지인들이 시시때때로 먹을거리를 나눠 주었다. 그 덕분에 일주일에 이틀쯤은 요리하지 않고도 밥을 먹을 수 있었다. 친하게 지내는 한 이모는 일주일에 한 번씩 우리를 데리고 다니며 외식을 시켜 주었고, 유독 이모를 잘 따르는 아이 덕분에 이때만큼은 잠시나마 아이에게서 벗어날 수 있었다. 이웃 할머니들도 일부러 식사 시간에 불러 우리를 먹이고, 남은 음식은 집에 가서 먹으라며 바리바리 싸서 들려 보냈다. 부피가 큰 생필품을 사야 할 때는 친구에게 부탁해 마트에 가지 않고도 물건을 배달받았고, 궂은 날씨 때문에 놀이터에 나가기 어려운 날엔 지인의 차를 얻어 타고 시내에 나가서 넓은 실내 공간에 아이를 풀어놓고 잠시나마 숨을 돌렸다. 친한 할머니 중 한 분은 일주일에 한두 번, 여섯 살짜리 손녀딸이 오는 날에 맞춰 우리를 초대해 아이들끼리 놀게 하면서 내게 휴식 시간을 마련해 주었다.

두레니 품앗이 같은 농촌공동체 시절의 관습을 겪어 본 적 없지만, 개인주의가 뚜렷한 이국땅에서 이런 옛말을 떠올릴 때가 있다는 건 행운이다. 이번에 경험한 것들 대부분이 나와 가까운 사람으로부터 개인적인 도움을 받은 것이지만, 이것도 크게 보면 이곳 육아 문화의 영향 때문이라고 할 수 있다. 보수 기독교 문화의 영향으로 가정에 우선순위를 두는 미국 문화의 특성, 그리고 육아에 관한 한 사회적·제도적 지원이 전혀 없는 상황 탓에 어린아이를 둔 가정일수록 주변의 보살핌이 필요하다는 공감대가 조성되어 있다. 일례로 동네 엄마들 모임에는 회원 중 누군가가 출산하거나 입원, 사고, 초상初喪 등의 큰일을 당하면 회원들이 돌아가며 그 집에 한 끼 음식을 제공해 주는 시스템이 있다. 특히 식구가 여럿인 집에 새로 아이가 태어나면 엄마 아빠 혼자 힘으로 다른 아이를 다 챙기기가 힘들다 보니, 가족이 먹을 수 있는 한 끼 음식을 누군가 챙겨 주면 큰 도움이 된다. 꼭 그런 모임이 아니더라도, 직장 동료나 친구들 사이에도 음식을 요리해 가져다주거나 아이를 몇 시간씩 맡아 돌봐 주는 일이 흔하다.

'플레이 데이트'play date라 불리는 놀이 소모임이 흔한 것도 그런 맥락에서 생각해 볼 수 있다. 가까이 사는 이웃끼리 돌아가며 집에 초대하거나 약속을 정해 놀이터에서 만나 함께 노는 이 모임은 독박 육아에 지친 엄마에게 조금은 헐렁한 여유 시간을 준다. 내가 이웃 할머니 댁에 초대되어 할머니 손녀와 우리 아이를 붙여 놓고 잠시 쉴 수 있었던 것처럼 말이다. 그리고 '여자들의 밤'이니 '남자들의 밤'이니 하는 문화도 엄마 아빠가 잠시 다른 사람 손에 아이를 맡겨 놓고 쉬게 한다는 점에서 의미 있다.

최근 어디선가 '소셜 마더링'social mothering에 관한 이야기를 읽은 적이 있는데, 다른 게 아니라 이게 바로 소셜 마더링이 아닌가 싶다. 소셜 마더링을 번역하면 '사회적 육아' 정도가 된다. 이 개념에 관해 구체적인 독서를 한 것은 아니어서 잘은 모르지만, 내가 읽은 글에 언급된 내용으로 미루어 보면, 이 '사회적 육아'는 바로 내가 지난 7주간 보고 겪은 것과 유사한 육아를 의미하는 듯하다. 육아는 아이 엄마가 혼자 할 수 있는 일이 아니며, 생물학적 친모 외에 여러 '엄마들'이 함께 아이를 돌보아야 한다는 것. 그것이 내가 생각하는 사회적 육아의 핵심이다.

이때 '엄마들'에는 가족, 친인척 관계에 있는 사람뿐 아니라 친구, 이웃, 베이비시터, 보육 교사 등도 포함된다. 그리고 당연히 여성뿐 아니라 남성도 포함된다. 모두가 이웃 아이들을 하나하나 '엄마' 같은 마음으로 보살필 수 있다면 지금처럼 아이를 밖에 내놓기가 두렵지만은 않을 텐데. 어쩌면 우리 사회는 너무 멀리 가버린 것이 아닌가 싶다. 하루가 멀다 하고 터져 나오는 크고 작은 사건 사고들, 어린이집과 가정에서 학대당하는 아이들, 이웃과 친구마저 안심하고 만나지 못하게 하는 강력 범죄 사이에서 내 아이를 나와 함께, 때로는 나를 대신해 돌봐 줄 다른 '엄마'를 만나는 일은 때로 불가능해 보인다.

더 넓게는 사회적 육아에 사회 전체, 국가의 역할까지 포함할 수 있을 것이다. 그런 면에서 저소득 가구로 분류돼 여러 정부 보조를 받는, 신체적 약자로 분류될 아이와 함께 사는 나에게 '사회적 육아'는 중요한 화두다. 어쩌면 이것이야말로 내가 늘 생각하는, '내 아이뿐 아니라 모든 아이를 함께 잘 길러 내기' 위해 도모해야 할 일이 아닐까. 마침 이것이 한국 사회에도 절실히 필요함을 알려 주는 소식이 들려왔다.

사회적 육아, 그게 뭔가요

남편이 한국에 들어가고 얼마 되지 않아, 참담한 뉴스 한 토막을 접했다. 혼자 아이를 출산한 한 여성이 아이의 시신을 택배로 친정에 보낸 일이었다. 지방에서 혼자 올라와 서울의 고시원에서 지내며 포장마차 일을 하던 이 여성은 홀로 출산한 것으로 알려졌다. 이러저러한 개인적인 사정을 다 떠나 내게 가장 충격적이었던 것은 그가 출산 당일 밤에도 포장마차에서 일했고, 낳은 아이가 죽은 뒤에도 며칠간 더 일하다가 결국 포장마차로 찾아온 경찰에 체포되었다는 사실이었다.

임신과 출산을 겪어 본 사람이라면 안다. 여성이 임신 초기, 중기, 후기를 겪으며 얼마나 많은 신체적·정서적 변화를 감내해야 하는지를. 그런 이유로 아이를 태내에서 건강히 키워 내려면 엄마가 자신의 몸과 마음의 변화에 집중할 수 있어야 한다. 필요한 때 적절한 검사도 이뤄져야 하고, 출산 이후 아이를 키울 물리적·정신적 준비도 해야 한다. 그런데 남편도 다른 가족도 없이 홀로 생계를 감당하며 임신 생활을 유지해야 하는 상황이라면, 엄마와 아이 모두 건강하기 어려울 것이 당연하다. 설혹 아이가 건강히 태어난다 하더라도 매일 벌이를 위해 육체노동을 해야 하는 엄마가 어떻게 아이를 혼자 키워 낼 수 있을까. 일하느라, 또 돈이 없어서 병원에도 가보지 못했을 이 엄마가 임신을 유지한다는 것 자체가 엄청난 고통이었을 것이다.

키울 능력이 없으면 애초에 임신을 피했어야 한다는 말은, 이 상황에선 가당찮은 말이다. 우리는 이 여성이 어떤 연유로 임신하게 되었는지 알 수 없고, 또 굳이 그걸 캐낼 필요도, 권리도 없다. 게다가 세상에 언제나 1백 퍼센트 확실한 피임법이란 건 없고, 키울 능력이 없으면, 즉 신체적·경제적·정신적 능력이 제한적이면 임신해선 안 된다는 것만큼 차별적이고 폭력적인 말도 없다. 분명한 건, 그에겐 대한민국 여성의 현실과는 상관없이 여전히 '불법'인, 그러나 공공연히 이뤄지는 '임신 종결'을 선택할 수 있는 여지조차 없었다는 점이다. 너무나도 잘 알다시피 지금 우리 사회에서 선택이란 대부분 돈의 문제이고, 이는 임신·출산과 관련된 모든 선택지에 대해서도 마찬가지다. 고시원 월세도, 통신비도 낼 수 없는 형편에 있는 사람에게 임신 종결은 임신 유지보다도 비용이 더 많이 드는 일이다.

이와 비슷한 사례들이 곳곳에서 일어나고 있으리라는 것쯤은 누구나 쉽게 짐작할 수 있다. 매해 이러저러한 이유로 유기되는 아이들 수는 줄지 않고, 그 아이들 다수가 여전히 해외로 입양된다. 이쯤 되면 영아 유기는 무책임한 개인의 패륜적 행위가 아니라 사회적 문제다. 아이를 낳고 키우기 버거운 현실에서 피치 못하게 임신과 출산을 하는 사람이 그만큼 많다는 뜻이다.

그런데 이런 일은 여전히 개인, 특히 임신과 출산을 감당하는 여성 당사자에게 그 짐이 지어지고, 이를 사회적으로 해소해보고자 하는 움직임은 포퓰리즘 정책으로 소모되거나 시장 논리나 개인 윤리 문제를 구실로 발목 잡히곤 한다. 언젠가 회자된 성남시의 무상 공공 산후조리원 설치에 대한 반대의 목소리도 그 예라 할 수 있다.

선택권을 가질 수 없는 사람들이 존재하는 한, 조리원뿐 아니라 의료 기관과 보육 시설 등 아이를 낳고 기르는 것과 관련된 모든 영역에서 무상 공공서비스가 제공되어야 한다고 생각한다. 이것은 특정 기준을 두고 차등 지원하는 선택적·선별적 지원이 아니라 필요한 사람 누구에게나 조건 없이 제공하는 방식이어야 한다. 물론 모든 것이 '시장' 논리에 따라 움직이는 세계에서 쉬운 일은 아니겠지만, 그렇다고 언제까지 그 논리에 따라 아이들을, 사람들을 사지로 내몰 수는 없는 노릇이다.

내가 없는 형편에 아이를 낳고 기르는 것은 정부·지역공동체가 제공하는 보조 프로그램 덕이 크다. 덜컥 임신이 되었을 때

쉽게 찾아갈 수 있는 무상 임신 검사·상담실이 지척에 있었기에 겁내지 않고 문 두드릴 수 있었고, 임산부에게 의료비를 대폭 삭감해 주는 특수 보험과 병원 내 재정 지원 프로그램 덕분에 출산 비용을 들이지 않고도 아이를 낳을 수 있었다. 자동차 없이 살면서 먼 거리에 있는 병원에 다녀야 하는 우리에게 교통편 무상 지원 프로그램은 그야말로 우리의 발이 되어 준다. 아이가 먹을 우유와 과일을 사는 데 보태도록 지원해 주는 프로그램 역시 아이를 먹이는 데 실질적인 도움을 준다. 시민사회와 종교 단체 등 여러 단체와 마을 공동체에서 수시로 제공하는 유아용품 장터, 산모 교육 프로그램, 동네 모임과 이웃이 제공하는 밥 한 끼까지, 나는 이 모든 게 '사회적 육아'의 일부라고 생각한다.

사회적 육아라고 했을 때 육아, 즉 '마더링'은 생물학적 엄마의 역할만을 의미하는 게 아니다. 아이를 정성껏 보살피고 먹이는 엄마처럼, 모든 아이를 함께 돌보고 먹여 살리는 것이 바로 '마더링'이다. 그리고 이것은 개개인뿐 아니라 지역공동체, 정부 정책을 통해 함께 제공해야 하는 무엇이다. 선택권이라는, 형평성이라는 그럴싸한 말로는 다 따질 수 없는, 복잡하고 다양한 삶의 층위가 얽혀 있는 우리 사회에서, 이런 '엄마' 역할은 '따뜻하고 선한 이웃'이나 '좋은 친구'가 되고자 하는 개인의 관심이나 노력만으로는 결코 감당할 수 없다. '사회적'이라는 말과 '육아'라는 말, 언뜻 보기에 어울릴 것 같지 않은 이 두 단어가 결합했을 때 이것의 의미가 무엇인지 성찰해 볼 이유가 여기에 있다.

또 하나의 사회적 육아, 아동 전문 병원

보스턴에 있는 유명 아동 병원에 아이의 발을 수술해도 될지 물어보기 위해 관련 절차를 밟은 지 한 달. 드디어 그곳에 보낼 아이의 의료 기록이 모두 모였다. 우리가 다니는 아동 전문 병원의 피부과·영상의학과·정형외과·비뇨기과에 각각 전화했더니, 각각 의료 기록 외부 공개 동의서를 집으로 보내 왔다. 한 장씩 동의서에 서명해 보냈더니 우편이나 이메일로 요청했던 의료 기록이 왔다. 지난 3년간 찍은 영상 자료(MRI, 엑스레이, 초음파)가 CD에 담겨 왔고, 그간 진료 때마다 상담한 내용이 담긴 리포트가 A4용지 수십 장에 인쇄되어 왔다. 재작년 탈장 수술 때의 전후 사정과 수술 당시, 그리고 수술 이후의 경과 리포트도 왔고, 가장 최근의 혈액검사와 그 직전의 검사 결과가 종이 한 장에 요약되어 왔다.

한 장 한 장, 리포트를 넘겨보다가 흠칫 놀랐다. 그날그날의 진료 내용이 생각보다 자세히 기술되어 있어서다. 특히 아이의 상태를 묘사하는 나의 말과 그 마음을 귀담아들었음이 드러나는 대목을 마주할 때는 고마움을 느꼈다. 사실 의료진과의 대면은 그리 쉽지만은 않았다. KT는 확실히 알려진 게 별로 없는 질환이라 의문점을 기록해 놓지 않으면 의사들을 만났을 때 물어볼 말이 입 밖에 나오지 않았다. 그래서 검진 날짜가 다가오면 남편과 머리를 맞대고 그동안 있던 일을 복기하며 최대한 많은 질문을 메모해 가려고 애쓴다. 진료 상담에서 의사들은 내가 메모해 간 내용을 다 물어볼 때까지 기다려 준다. 때로는 질문 내용을 제대로 정리하지 못해 뒤죽박죽 한탄하듯 말하는 때도 있는데, 그런 날에도 성의껏 들어주는 것이 무엇보다 큰 격려가 되었다. 가장 최근에 있었던 협진에서는 나중에 있을지 모를 수술 얘기를 하다가 격앙된 나를 본 방사선과 의사가 이렇게 말해 주기도 했다. "한번 생각해 보자는 거예요. 지금 엄마가 뭘 걱정하는지 알아요. 그러니까 지금 당장 하자는 게 아니라 지금부터 구체적으로 고민해 보자는 거예요. 여기 우리, 당신을 압박하려고 서 있는 게 아니니까 긴장 풀어요. 우리 모두 당신을 도우려는 거예요."

의사가 먼저 이렇게 말해 주면 마음을 가다듬는 데 정말 큰 도움이 된다. 여러 전문가 앞에서 아이의 상태와 치료 가능성을 놓고 질문하고 토론해야 하는 엄마의 긴장감과 부담감을 이해하고 어떤 질문에도 아는 만큼 성실히 답해 준다면, 의사에겐 사소하고 기초적인 질문이라도 부모 처지에선 중요하고 절박한 물음일 수 있다는 걸 이해하고 쉽게 설명해 준다면, 만약 내 아이를 보는 의료진이 그러하다면 결정을 내려야 할 때 믿고 의지해도 되겠다는 확신이 생긴다. 그동안 우리가 만난 의료진들은 전문가로서의 입장만을 내세워 자신의 견해를 강요하기보다는 아이의 몸 상태와 발달 상황을 함께 고려하면서 보호자의 의견과 결정을 최대한 존중하려는 태도를 보였다. 아이 발에 맞는 신발을 찾을 수 없어 헤매다가 수제화를 맞춤 제작해 신겨 갔을 때, 혈관 전문의가 반가워하며 신발 업체 이름을 물었다. "이거 어디서 했어요? 발 모양 때문에 고생하는 다른 아이들한테도 소개하게 알려 주세요."

바쁘게 돌아가는 병원에서 '엄마의 마음'을 헤아려 주는 분위기, 다른 어린이 환자까지 염두에 두고 부모와 소통하는 분위기가 조성될 수 있는 건 우리가 이용하는 병원이 아동 전문 병원이기 때문인 것 같다. 갓 태어난 아기부터 청소년까지, 매일같이 다양한 아이들을 대하는 의사들이라서 그런지, 일반 병원보다 아이와 부모 마음에 세심하게 귀 기울여 주는 분위기가 강하다. 내가 한 의사와 이야기하는 도중에 아이가 지루해하면 다른 의사·간호사가 아이와 대화를 나누며 놀아 주는 것도, 아이가 수술실에 들어갈 때는 장난감 자동차에 태워 놀이하러 가듯 데려

가는 것도 이곳이 아동 전문 병원이어서 가능한 배려다.

반면 한국은 한 병원 안에서 여러 과의 협진을 통해 환자 한 사람을 집중적으로 돌보는 아동 전문 병원이 드물고, 바쁘게 돌아가는 대형 종합병원에서는 KT 같은 희소 질환을 겪는 아이에게 관심을 기울일 여유가 없어 보인다. 또 한국에서 '병원'은 병을 치료하러 가는 곳이라는 개념이 강해서인지, 당장 치료법이 없는 희소 질환이나 장애를 안고 살아가는 사람들에게 오히려 큰 좌절감을 안겨 주기도 한다. 영어에서 '병원'을 뜻하는 단어 '호스피털'hospital을 살펴보면, '보살핌'과 '환대'를 의미하는 '호스피털리티'hospitality라는 단어를 품고 있다. 병원, 특히 아이들을 전문적으로 돌보는 아동 병원은 앞으로 태어날 아이들, 또 이미 태어난 아이들을 잘 길러 내는 데 꼭 필요한 또 다른 '사회적 육아' 공간이라고, 나는 생각한다.

갓 태어난 아이, 특히 질환이나 장애를 안고 태어난 아이를 유기하거나 입양 보내는 사람들을 쉽게 비판하지만, 이들에게 필요한 사회적 요건이 무엇인지 알려 하거나 갖추려고 애쓰지는 않는다. 선천성 질환이나 장애를 안고 태어나는 아이와 그 부모에게 아동 전문 병원은 절실한 사회적 장치이다. 2016년 보건복지부 자료에 따르면 장애인의 조기 사망률이 전체 인구 대비 4배 이상 높다고 한다. 그중에서도 장애 아동의 조기 사망률은 37.9배나 높은 것으로 나타났다. 미숙아 집중 치료실과 재활 치료 시설을 갖춘 아동 전문 병원과 재활 병원이 전국 곳곳에 설치되어 있다면, 그래서 선천성 질환과 장애가 있는 아이가 태어났을 때 적극적으로 대처할 수 있는 곳이 지척에 있다면, 적어도 타고난 장애와 질환으로 인해 태어나자마자 유기되는 아이들 수, 그리고 제때 대처하지 못해 목숨을 잃거나 신체적·정신적 기능을 잃게 되는 아이들 수는 크게 줄어들 것이다.

내가 임신 20주 초음파에서 아이의 한쪽 다리가 상대적으로 클 수 있다는 소견을 듣고도 겁내지 않고 아이를 낳을 수 있었던 것은 임신 초기부터 지역사회의 여러 시설을 통해 많은 심리적·물리적 지원을 받았기 때문일 것이다. 혹여 아이가 건강상의 문제를 안고 태어난다 하더라도 나 혼자 막막해하지는 않으리라 믿었고, 그 믿음은 아이를 낳은 후 현실이 되었다.

2016년, 서울 마포에 국내 최초의 장애 아동 전문 병원 '푸르메재단 넥슨 어린이 재활 병원'이 문을 열었다. 그러나 등록된 장애 아동 수가 6만 명이 넘고 미등록 장애 아동을 포함하면 그 수가 훨씬 웃돌 것으로 추정하는 상황에서, 수용 인원이 수십 명에 불과한 이 병원 하나로는 수요를 감당해 낼 수 없다. 2017년 언론 보도에 따르면, 병원 치료를 위해 대기 중인 장애 아동이 1천여 명이고, 대기 기간이 평균 1년 6개월이라고 한다. 서울시와 여러 대기업의 지원, 시민들의 십시일반으로 겨우 설립한 이 병원이 개원 이후 지금까지 수십억 원에 달하는 적자에 시달리고 있다는 소식도 들린다. 지방에서도 아동 전문 재활 병원 설립의 움직임이 작게나마 일고 있지만, 법안 발의 이상으로는 나아가지 못하고 있다. 이렇게 중요한 일에 사회적·국가적 관심이 모이지 못한다는 건, 그만큼 우리 사회가 모든 아이를 잘 길러 내는 일에 소홀하다는 뜻 아닐까.

점차 많은 사회적·국가적 관심이 모여 전국 곳곳에 아동 전문 병원과 재활 병원이 들어서면 좋겠다. 그래서 희소 질환이나 장애가 있는 아이들과 그 부모들이 믿고 마음 편히 이용할 수 있는, 의학 정보와 편리한 시설뿐 아니라 위로와 연대까지 얻을 수 있는 의료 환경이 조성되면 좋겠다. 임신과 출산, 양육의 전 과정에 적극적인 도움을 줄 수 있는 여러 기관과 단체, 의료 시설이 존재한다면 어떤 부모나 아이도 두려움 없이 조금 더 용기 내어 건강하게 살아갈 수 있다는 걸, 우리 가족의 삶으로 증명할 수 있다.

아이의 지난 3년을 담은 의료 기록을 모아 또 다른 아동 병원에 보낼 준비를 한다. 그곳 의사들에게선 또 어떤 이야기를 듣고 힘을 얻게 될까, 궁금해진다.

이런 의사, 그런 사회

환자의 이야기에 귀 기울일 수 있는가, 환자가 뒤죽박죽 쏟아
내는 그 이야기를 꿰맞출 수 있는가, 환자의 이야기에 대한 자
신의 반응을 확인하고 평가할 수 있는가, 이 이야기들이 각 층
위에서 어떤 의미가 되는지 이해할 수 있는가, 그리고 그 이야
기에 감화될 수 있는가.

미국의 한 의대 교수가 꼽은, 의사들이 갖춰야 중요한 덕목들이
다. 도서관에서 우연히 발견한 어느 책* 서문에서 이 한 줄을
읽고 단번에 책을 집어 왔다. KT와 함께 살며 무수히 만나 온,
앞으로도 수없이 만나게 될 사람들이 바로 의사이기에 어쩐지
관심이 갔다.

이 책은 일종의 문예 선집인데, 한국어로 출판한다면 '의학도가 반드시 읽어야 할'이라는 부제를 붙이기 좋은 책이다. 병원에서 흔히 겪을 법한 일들을 다룬 단편소설과 에세이, 시를 여기저기서 모아 놓은 것인데, 어떤 작품은 의사·간호사이면서 글쓰기 활동을 하는 이들의 작품이어서 더욱 흥미로웠다. 이 문예 선집을 엮은 쪽에서는 의대 교육과정에 필요한 것이 문학 교육이라고 역설하는데, 바로 이야기를 읽고 교감하는 '문학적' 능력이 의사로서 환자의 이야기를 듣고 교감하며 이해하는 능력과 연결되기 때문이다.

운이 좋았던 걸까. 적어도 내가 지금껏 만난 의사들은 증상설명-진단-처방의 단계마다 내 '이야기'와 '질문'이 끼어들 수 있는 여지를 항상 남겨 놓았다. 임신 기간 나를 봐준 조산사는 정기검진 때마다 나의 신체적 변화뿐 아니라 정서적·심리적 안부를 챙겨 물었다. 갑작스럽게 역아逆兒가 되어 버린 아이를 꺼내려고 수술하는 내내 그는 부들부들 떨리는 내 손을 꼭 잡아 주었고, 수술을 집도한 의사는 정신없는 와중에도 수술 절차를 하나씩 설명하며 동의를 구했다. 갓 태어난 아이의 오른 다리를 한눈에 알아보고 진단을 내린 신생아 담당 의사는 자정이 넘은 시

✦ Robert Coles·Randy Testa, *A Life in Medicine: A Literary Anthology*, The New Press, 2003.

간에 친근한 평상복 차림으로 찾아와 KT에 관해 찬찬히 설명해 주었다. 두서없이 던져 대는 나의 질문에 아는 만큼 성심껏 답해 준 것도 신생아 담당 의사였고, 아이를 이동용 인큐베이터에 넣어 아동 병원으로 옮기던 날, 눈물 흘리는 내게 휴지를 건네며 위로한 것도 의사와 간호사들이었다. 아이를 데리고 병원에 갈 때마다 수첩 가득 질문을 적어 가면 그 질문에 대한 답변을 다 듣고 올 수 있는 것도 의사들의 태도 때문이다.

남의 이야기를 잘 듣는다는 건, 그리고 상대방이 가질 수 있는 의문을 이해하고 그에 기꺼이 대답해 줄 자세가 되어 있다는 건, 그만큼 상대방을 존중한다는 뜻이다. 특히 의사는 전문 지식과 기술을 갖춘 사람으로서, 질병으로 고통받는 사람에게 누구보다도 더 큰 힘이 되어 줄 수 있는 존재다. 그래서 나는 아이를 데리고 병원 다니는 일이 괴롭지만은 않다. 우리가 정기적으로 만나는 혈관 전문의는 최신 논문을 출력해 주며 앞으로의 계획을 논의하고, 내가 적어 간 질문을 빼놓지 않고 다했는지 재차 물어본다. 내가 한국 KT 환자들과 함께 서포트 그룹을 만들었다는 소식에 기뻐하고, 아이가 신는 예쁜 맞춤 신발을 다른 아이에게도 소개해 주고 싶다며 업체 정보를 받아 가기도 한다.

1996년, 미국의과대학교협회AAMC는 의대 졸업생이 반드시 갖추어야 할 자질로 '이타심' '지식' '기술' 그리고 '책무'를 꼽았다. 그중 '이타심'을 정의한 대목에 이런 구절이 나온다. "의사는 언제나 열과 성을 다해, 정직하게 행동해야 하며 환자의 사생활을 존중하고 환자를 한 사람으로서 존중해야 한다." 그리고 '책무'에 대해서는 이렇게 말한다. "의사는 환자의 건강을 증진하고 유지하고 개선하기 위해 다른 의사·의료 전문가와 협력하여 체계적으로 접근해야 한다. (······) 특히 사회적 약자의 건강권을 옹호해야 한다."

누구나 한두 번쯤은 의사에게 실망하는 경험을 겪는다. 나는 이십 대 초반에 치과를 다니면서 "지금 우리 병원에서 치료받지 않으면 50대가 되기 전에 틀니를 하게 될 것"이라는 으름장을 들었는데, 당시 치과에서는 치료를 종용하기만 했지, 평소 어떻게 관리하면 도움이 되는지는 얘기해 주지 않았다. 언젠가 극심한 감기몸살에 걸려 엄마와 함께 찾아간 내과에서는 의사가 임신 가능성을 재차 물은 적이 있다. 원인을 파악하는 데 필요한 질문이라 하더라도 환자의 진술을 의심하는 어투로, 상황을 고려하지 않은 채 반복해 던지는 질문은 마음을 불쾌하게 한다.

모든 의사가 그렇지 않다는 것을 잘 알지만, 한국에 있는 KT 환자와 보호자들의 경험을 듣다 보면 너무나 기막힐 때가 있다. "KT는 치료법이 없으니 나를 찾아올 필요 없다. 그냥 그렇게 살아라"라는 말은 아무리 그것이 의학적 사실에 가깝다 하더라도 환자와 보호자 가슴에 대못을 박는다. 앞으로 어떤 증상이 나타날 수 있고 그때마다 어떤 조처를 해야 하는지도 말해 주지 않은 채, 그 말 한마디 덜렁 던지고 환자를 그냥 돌려보내는 의사에게, 어떤 표정을 지어 보여야 할까? KT는 정형외과·진단 의학과·피부과·방사선과 등 여러 과의 협진이 중요한 질환인데, 자기 분야에 관해서만 결론 내릴 뿐 다른 과에 연결해 주지 않는 의사도 흔하다고 한다. 10만 분의 1 확률인 KT이니 의사도 생소하고 잘 모를 수 있다. 모르면 솔직히 모른다고 하면 될 것을, 모르면 같이 좀 알아봐 주면 될 것을 그렇게 꼭 귀찮은 티를 내며 환자를 돌려보내야 하는 걸까?

물론 의료 현장이 얼마나 숨 가쁘게 돌아가고 의사·간호사의 노동환경이 얼마나 열악한지 안다. 하지만 또 얼마나 많은 의료 현장이 '돈 되는' 질환과 기술에만 몰두하는지도 안다. 그 속에서 완치법은 없고, 정기적인 관찰이나 하며 증상이 생길 때마다 그에 따른 미봉책밖엔 쓸 수 없는 희소 질환 환자들은 기댈 곳이 없다. 아니, 그토록 무지하고 무례한 의사에게 아이의 미래를 기대고 싶지 않은 것이 솔직한 심정이다.

최근 들어 한국의 몇몇 의대에서 의대생을 대상으로 인문학 교육을 강화하는 움직임이 일고 있다고 하는데, 이는 인문학 교육을 한다고 달라지는 일이 아니다. 서로에게 정직하고 타인에 대한 존중과 배려를 갖추는 것을 우선시하는 사회가 되어야 한다. 돈과 외모, 능력이 아니라 존재 자체를 있는 그대로 존중하는 사회가 되어야 한다. 그리고 그런 사회를 만들기 위해 부모가 할 일은, 아이들을 잘 길러 내는 일이다. 다른 사람의 이야기를 들을 줄 아는 아이, 다른 사람의 고통에 민감하게 반응할 줄 아는 아이, 지식과 재능이 온전히 제 능력 혹은 부모의 능력만으로 갖춰진 게 아님을 아는 아이, 고통받는 타인의 편에 서서 그와 함께, 때로는 그를 대신해 목소리 낼 수 있는 아이. 그런 아이들이 만들어 가는 세상, 그때야 비로소 '잊지 않겠다'라던 우리의 다짐이 헛된 구호가 아니었음을 확인할 수 있지 않을까.

작년 봄, 아이는 갑작스러운 오른발 통증으로 힘든 시간을 보냈다. 그 후 일 년 내내 잘 지내던 아이가 간밤에 갑자기 다리 통증을 호소하는 바람에 가슴이 철렁했다. 아이도 4월 16일임을 아는 걸까. 하필이면 차가운 진도 앞바다를 떠올리게 하는 이 날, 갑자기 통증을 호소하는 아이를 보며, 어쩌면 아이가 다른 사람의 아픔을 온몸으로 느끼는 남다른 감각을 선물 받은 게 아닐까 하는, 조금은 황당한 생각을 해보았다. 스무 명의 아이들이 총기 사고로 한꺼번에 목숨을 잃던 날에 태어난 아이. 아이는 어쩌면 그런 운명 때문에 자신의 아픔뿐 아니라 타인의 아픔에도 깊이 공감하는 사람으로 살아갈 수 있을지도 모르겠다. 엄마인 내가 해야 할 일은, 아이가 이 특별하고 소중한 능력을 잃지 않도록 그 고통을 함께 느끼고 이야기하는 일이다.

짝짝이들 모여! 우리는 KT 가족

2012년 겨울, 아이가 태어나자마자 우리 부부가 한 일은 KT에 관한 정보를 찾는 일이었다. 인구 10만 명에 한 명꼴로 나타난 다는 희소 질환. 당장 구글 검색창을 켜고 출산 당시 병원에서 신생아 담당 의사가 건네주었던 쪽지를 펼쳤다. 클리펠-트레노 네이 증후군. 아무리 들여다봐도 익숙해지지 않던 이름을 한 글 자 한 글자 몇 번이고 확인하며 넣은 다음 엔터키를 눌렀다. 제 일 먼저 인터넷 백과사전 위키피디아의 설명이 나오고, 그다음 항목으로 나온 간결하고도 명확한 이름의 웹사이트 하나가 눈 에 띄었다. 바로 KT 서포트 그룹. KT 환자와 그 가족들이 모여 꾸린 모임이라는 뜻이다.

이 모임이 만들어진 것이 지금으로부터 꼭 30년 전이다. 그

때부터 지금까지 단체를 이끌어 온 사람은 바로 나처럼 KT 아이를 둔 엄마 주디Judy와 멜리니Mellenee다. 이 두 사람이 미네소타주에 있는 한 대형 병원 의사들을 통해 다른 KT 가족들을 만나게 되면서 모임의 규모가 점차 커졌고, 이제는 2년에 한 번씩 한자리에 모여 이 분야의 유명 의료진들과 간담회 자리까지 만들 정도가 됐다. 미국뿐 아니라 영국, 인도, 중국, 브라질 등 세계 여러 나라의 KT 환자와 가족들이 회원으로 등록되어 있다.

2012년 겨울, 처음 이 모임을 알게 되고 회원들 간에 이메일과 SNS로 오가는 이야기들을 보면서 우리는 KT와 조금씩 더 가까워졌다. 아이의 발에 처음으로 이상이 생겼을 때, 나는 이 사람들을 붙들고 하소연했다. 이제 5개월밖에 안 된 아이에게 처음 압박 스타킹을 맞추어 신겼던 날에도 나는 아이 사진을 찍어 이곳 사람들에게 제일 먼저 보여 주었다. 새로 나온 논문을 읽다 궁금증이 생기면 나보다 더 오래, 더 많이 공부해 온 이 사람들에게 물어보았다. 아이의 이름에 '케이티'라는 별칭을 붙여 온라인 공간에 글을 쓰게 되는 데에도, 또 내가 직접 한국 KT 환자·보호자 모임을 만들겠다고 나서는 데에도 이 서포트 그룹의 영향이 컸다.

그 사람들을 만나러, 지난 주말 긴 여행을 다녀왔다. 2년에 한 번씩 크게 열리는 KT 서포트 그룹 주최 의학 콘퍼런스에 참석하기 위해서였다. 여기서 자동차로 8시간을 달려야 닿을 수 있는 곳에서 열리는지라 경비가 제법 많이 드는 일이었는데, 이런저런 이유로 올해는 꼭 가야겠다는 생각이 들어 무리했다. 도저히 우리 형편에 경비를 다 마련할 수 없을 것 같아 크라우드 펀딩을 이용해 친구·지인으로부터 소액 기부를 받았다. 기부를 받으면서 정말로 콘퍼런스에 가게 된다면 콘퍼런스에서 알게 된 내용과 기부금 사용 내용을 블로그에 정리해 올리겠노라 약속했다. 그렇게 단 며칠 만에 모인 돈으로 차를 빌리고, 호텔을 예약하고, 참가비를 냈다.

우리를 응원하는 많은 이들의 마음에 보답하려면 열심히 보고 듣고 배워 와야 했다. 1박 2일의 콘퍼런스 기간, 의사들의 발표와 토론을 보며 나는 부지런히 손을 놀려 기록하고 생각하고 질문했다. 학위 공부하느라 KT 공부에는 나보다 소홀했던 남편이 깜짝 놀랄 정도였다. 의사들의 발표와 토론 내용 대부분을 이해하고 소화해 내는 나 자신이 기특했다. 덕분에 그동안 가지고 있던 궁금증이 한꺼번에 풀렸고, 앞으로 무엇을 해야 할지 조금 더 명확히 알 수 있었다. 답답한 마음으로 의학 논문을 읽어 내려가던 지난날들이 머릿속을 스쳐 지나가는 순간이었다.

아이의 치료 계획을 세우는 데 필요한 의학 정보를 얻는 것도 중요했지만, 사실 그보다 더 좋았던 건 같은 어려움을 안고 사는 사람들을 만나는 일이었다. 10만 명에 한 명꼴로 있는 사람들이 한자리에 모이는 걸 보는 건 그 자체로 감동이었다. 양쪽 다리에 압박 스타킹을 신고 절뚝이며 걸어 들어오는 젊은 여성, 한쪽 손에 검붉은 얼룩과 울퉁불퉁한 손가락을 가진 잘생긴 청년, 양다리에 압박 스타킹을 신고 목발을 짚고 걸어오는 중년의 남성, 무슨 사연이었는지 끝내 절단술을 하고 휠체어를 타게 된 십 대 소년. 그리고 그 사람들의 손을 잡고, 어깨를 감싸 쥐고 곁에 앉은 부모, 형제자매, 배우자. 그 사람들과 한자리에 모여 있다는 게 참으로 편안했다. 평소엔 낯선 사람을 처음 만나면 KT에 대해 간략하게나마 설명하게 되어 있는데, 별다른 설명을 하지 않아도, 눈빛만으로도, 손 한 번 잡는 것만으로도 알 수 있는 사람들과 함께 있다는 것이 편안했다.

우리뿐 아니라 아이에게도 그런 느낌을 주었던 것 같다. 말하기 시작하면서 "엄마, 나는 왜 이쪽(오른쪽) 발이 커?" 하고 묻는 아이에게 늘 설명해 주어야 했기 때문에 아이는 이제 자신의 다리가 KT 때문에 그렇다는 것까지는 알고 있다. 하지만 평소 자기 다리와 비슷해 보이는 사람을 한 번도 만난 적이 없어 질문이 다시 꼬리를 물곤 했다. "엄마, 나는 왜 KT야?" "포트 와인 스테인port wine stain은 왜 있어?" "나는 왜 신발이 이렇게 커?" "나는 왜 여기가 아파?" 등을 물으며 아이는 참 많은 궁금증을 안고 있었다. 그런 아이에게 자신과 비슷한 발 모양을 한 또래 아이를 만나는 일은 매우 드물고도 귀한 경험이다. 어른들이 의사들 발표를 듣는 동안 아이들은 한 공간에 모여 놀았는데, 그곳에서 아이는 자신의 발 모양과 비슷한 발을 가진 누나 M을 만났다. 아이는 그날 이후 발 이야기를 할 때마다 "누나는 왼쪽 발이 KT야, 나는 오른쪽 발이 KT고"라고 말한다. 그만큼 아이에게도 조금은 위안이 되는 만남이었으리라.

콘퍼런스 둘째 날, 아이티 출신의 패션모델 벌란지Berlange가 예쁜 드레스 안에 숨겨져 있던 다리를 우리 앞에 드러내며 이렇게 말했다. "어릴 적 나를 보던 의사들은 내가 열아홉이 되기 전에 이 병으로 죽게 될 거라고 했어요." 2016년에도, 아무리 유능한 의사들이 한자리에 모여도 누구 하나 KT를 '고칠 수 있다'라고 말할 수 없는 현실. 그러다 보니 많은 사람이 우리를 가엾게 보거나 때로 폄하하기도 한다. 그 때문에 때로는 한탄하고 분개하고 종종 고통스럽지만, 또 하루하루 즐겁기도 기쁘기도 한 보통의 삶을 우리는 살아간다.

"여러분들이 있어 우리가 이 병에 대해 더 많이 알게 되었고 더 열심히 일하게 되었습니다"라고 말해 주는 의사들이 있는 한, "우리는 가족"이라고 입 모아 말하는 서포트 그룹이 있는 한, 그리 외롭지만은 않을 거다. 10, 20년 뒤 한국 KT 콘퍼런스를 열게 되는 그날까지, 우리는 계속 보통의 삶을 살아 낼 것이다. 내 운명 KT와 함께.

엄마가 간다, 맘스 라이징

국제노동기구ILO, International Labour Organization의 자료에 따르면, 전 세계 170개국 중 국가가 보장하는 유급 출산휴가가 존재하지 않는 나라가 단 두 군데 있다. 정답은 파푸아 뉴기니, 그리고 미국. 지금 내가 사는 이곳, 많은 경우 '한국보다 이런저런 사정이 좋은' '선진국 중의 선진국'으로 여겨지는 이곳 말이다.

이곳의 보육 시설은 생후 6주 차 아기부터 받게 되어 있다. 그 이유도 바로 이런 상황과 밀접하게 관련되어 있다. 1993년에 도입된 가족의료휴가법Family and Medical Leave Act은 갓 출산한 여성 또는 새로 입양한 아이를 돌보아야 하는 여성에게 최대 12주간의 휴가를 보장하고 있지만, 이때의 '휴가'는 무급이다. 있으나 마나 한 이 무급 휴가도 아무나 받을 수 있는 건 아니다.

50인 이상의 직원을 고용해 일 년 이상 영업해 온 사업장에서 과거 일 년간 근무한 시수가 1,250시간 이상인 여성만이 귀하디귀한(!) 무급 출산휴가를 받을 수 있다.

물론 이는 여성에게만 주어지는 것으로, 남성이 출산·육아를 위해 휴가를 쓸 수 있는 권리나 의무 따위는 아예 없다. 사정이 이러니, 출산과 육아는 특히 저소득 가구에 속한, 저임금 노동에 종사하는 여성에게 굉장한 부담이다. 별다른 대안이 없는 여성들은 생후 몇 주 되지 않은 아이들을 기관에 보내고는 다 추슬러지지 않은 몸으로 일터로 향한다. 산모 네 명 중 한 명이 출산 열흘 만에 복직한다는 조사 결과가 이런 현실을 여실히 보여 준다. 자의로든 타의로든 복직을 포기한 여성들은 꼼짝없이 무급 가사 육아 노동자로 집에 묶이는 신세가 된다. 이런 여성에게 돌아오는 건 "그러게 형편도 안 좋으면서 애는 왜 낳아?" 하는 비아냥거림, 혹은 "어린 애들 볼모로 정부 보조금 타 먹으려고 애 낳는 거지?" 하는 인신공격이다. 길면 일 년도 넘게 대기해야 하는 정부 보조 무상 보육 프로그램에 아이를 넣기 위해, 한 달 식비 일부나 분유 값 일부를 지원해 주는 한시적 복지 프로그램에 들어가기 위해 아이를 더 낳을 여성이 얼마나 된다고 생트집을 잡는 걸까.

연방 정부의 수준이 이 모양이니 주 정부의 정책도 크게 다르지 않다. 현재 25개 주에서 출산휴가 관련 법안을 입법하거나 시행하고 있는데, 대부분 사기업에만 해당하고 그나마도 임금의 절반 정도를 지급하는 수준이다. 그마저도 재정 문제를 이유로 반대하는 기업의 입김에 밀려 법안이 통과되지 못하거나 통과되어도 제대로 시행되지 않는 경우가 빈번하다. 더욱 기막힌 것은, 유급 출산휴가를 보장한다고 하는 몇몇 주가 실은 임신·출산을 한시적 '장애'disability로 규정해 장애 보험으로 급여를 보장한다는 사실이다. 임신·출산으로 업무 수행이 어려운 상태를 순전히 기업 입장에서 바라보는 관점 때문에 이런 어이없는 법안이 존재하는 것인데, 2004년 NBC와의 인터뷰에서 "임신은 기업에 불편 그 이상도 이하도 아니다"라고 딱 잘라 말한 사람이 미국 대통령 자리에 앉아 있는 이상, 이 관점은 앞으로도 쉽게 달라질 것 같지 않다. 그리고 주 정부의 정책에서도 남성의 출산휴가는 여지없이 배제되어 있다. 캘리포니아주 정도만이 남성에게 임금의 절반가량을 지급하는 유급휴가를 보장하고 있을 뿐, 다른 주에서는 며칠 병가를 내거나 여름휴가를 미리 쓰는 것, 혹은 급여를 몽땅 포기하는 것이 남성의 선택지다.

미국 사회에 나타나는 이런저런 모습은 어찌 보면 굉장히 모순되는 광경이다. 이를테면 미국인들은 분명 임신·출산·육아에 대해 좀 더 현실적으로 인식하는 부분이 있다. 예를 들어 모임에 나가 자기소개를 할 때 "그냥 애 엄마야" 하고 소개하면 꼭 누군가 한마디 한다. "애 엄마로 사는 게 얼마나 힘든 일인데 '그냥' 이라는 말을 붙이니? 그 말은 빼!" 5년 전, 우리 부부가 임신·출산의 힘겨운 소용돌이를 겪을 때, 여러 사람과 비영리·의료 기

관들, 종교·교육 단체들이 우리를 기꺼이 도운 이유도 그래서였
다. 아빠가 아이를 데리고 다니는 모습이 그리 낯설지 않고, 놀
이방이 딸린 헬스장, 일일 보육이나 시간제 보육이 가능한 문화
센터 등 가족 친화적인 프로그램을 운영하는 기관이 많아, 육아
로 인한 고립감을 덜어내는 데는 꽤 좋다. 그런데 사람들의 이런
인식에 비해 임신·출산·육아와 관련된 미국의 국가적 지원, 법
적·제도적 장치는 너무나 미비하다. 어쩌면 이런 육아 문화가
실은 국가적 지원 부재로 인해 생겨난 결과물은 아닐까?

임신·출산·육아 문제는 국가의 존립 자체를 좌우하고 국가
경쟁력을 결정짓는 중요한 지표이다. 나는 국가 공동체에 있어
다른 무엇보다 중요한 사회문제가 바로 이 지표에서 출발한다
고 믿는다. 필연적으로 이 문제는 개인적·문화적 접근만으로는
좀체 해소될 수 없다. 하지만 국가는 언제나 입으로만 출산율 제
고를 외칠 뿐, 아이를 둔 가정에 어떤 어려움과 필요가 있는지는
잘 들여다보지 않는다. 그동안 이런저런 수를 내어 각자도생한,
그러나 더는 견딜 수 없는 미국 엄마들이 한껏 뿔이 나 한자리에
모인 것도 그래서다. 이름 하여 "맘스 라이징"Moms Rising. 엄마
의 이름으로, 엄마를 위한, 엄마에 의한 정치 운동을 펼치기 위
해서다.

2006년에 만들어진 이 모임은 "미국 여성과 미국 가정에 매
우 중요한 문제들과 관련된 공공 정책을 개선하고, 국가 수준의
논의를 끌어내기 위해" 활동하는 것을 목표로 한다. 그래서 이

단체의 활동 목표 제1번에 명시되어 있는 것이 바로 '남녀 모두를 위한 유급 출산휴가와 육아휴직의 도입'이다. 이를 이루기 위해 동네마다 엄마 모임을 만들어 함께 이야기하고, 집회를 열고, 연설하고, 인터넷상에서 엄마들을 대상으로 교육하고, 서명을 모으고, 국회의원들을 만나는 자리에 나가 의견을 직접 전달한다. 모임에서 다루고 있는 건 출산휴가·육아휴직 문제뿐이 아니다. 안전한 먹거리, 의료보험, 보육, 남녀 임금격차, 총기 규제 등 미국 사회의 고질적인 사안들에 대해 지속적으로 문제 제기하면서 추이를 지켜보고, 일이 잘못되어 가고 있다고 판단하면 엄마의 이름으로 성명서를 내어 강하게 비판한다. 그리고 그것이 왜 여성·가족·아이에게, 나아가 국가 전체에 옳지 않은 방향인지 설파한다.

'맘스 라이징'에서 다루는 문제들은 우리에게도 전혀 낯설지 않다. 모든 영역의 지구화에 미국이 첨병 노릇을 하는 이상, 미국 사회의 문제는 곧 전 세계의 문제이기도 하다. 출산휴가·육아휴직, 보육, 임금격차, 먹거리, 여성과 아이들의 신체적·정신적 안전과 건강 문제까지. 한국에서도 엄마들의 결집이, 엄마들의 정치 운동이 필요한 이유다. 엄마들이 나서야, 아니, 엄마들이 나서면, 세상이 바뀔 수 있다. 엄마는 다음 세대를 품고 낳아 돌보는 존재이니까 말이다.

반갑게도, 나와 꼭 같은 생각을 품고 있는 엄마가 마침 한국에서 엄마들의 정치 운동을 제안하고 나섰다. "엄마들이 정치에 나서야만 '독박 육아' 끝장낸다!"*라는 글에서 '두리 엄마' 장하나는 이렇게 썼다. "우리가 모여 이야기하고, 서로 공감하고, 함께 분노하고, 우리의 목소리를 세상에 내놓으면 그것이 정치이고 정치 세력화입니다. 그것이 정치 이전의 정치이고, 그것이 세상을 바꾸는 힘이며, 그것이 가장 멋진 민주주의입니다."

정말 그렇다. 우여곡절 끝에 대통령이 바뀌었지만, 대통령 한 사람 바꾸는 거로는 세상을 바꿀 수 없다. 미국의 역사학자이자 운동가 하워드 진Howard Zinn의 말처럼, "누가 대통령 자리에 앉아 있는지가 아니라 거리에 나와 소리 높이는 사람이 누구인지가 중요하다." 그리고 사회를 변화시키기 위해 거리에 나와 소리 높이는 데는 누구보다도 엄마들이 나서야 한다. 제임스 오펜하임의 시구처럼, 여성의 행진은 여성만이 아니라 우리 모두를 위한 것이니 말이다.

시민의 정치적 행동이 어떤 힘을 발휘할 수 있는지 확인했던 2017년의 봄, 엄마들이 만났다. 5월의 광주 엄마들이 4월의 진도 앞바다에 있던 엄마들을 만나 품에 안았던 것처럼, 세상 모든 엄마가 서로 통하면 세상이 조금 더 안전하고, 조금 더 정의롭고, 조금 더 살맛 나는 곳으로 바뀔 수 있다. 그래서 지금, 엄마

◆『한겨레』(2017/03/25).

들이 간다. 품 안의 아이들을 기꺼이 내놓을 수 있는, 그런 세상을 만들기 위해.

바람이 분다, 정치하는 엄마들

2017년 봄, 온라인 공간에 엄마들이 속속 모여들었다. '두리 엄마'의 "만납시다!"라는 말 한마디에 달려온 이들이었다. 대부분 서로 처음 보는 사이였지만, 뭐라도 함께해 보자는 마음만은 같았다. 그리고는 곧 의기투합해 정말로 한자리에 모였다. 4월 22일, 그렇게 "정치하는 엄마들" 첫 집담회가 열렸다. 나 역시 멀리 있어도 함께 있는 듯 그 모습을 라이브 영상으로 지켜보았다.

그 자리에서 엄마들은 한목소리로 얘기했다. 아이 키우는 일마저도 경쟁에 붙이는, 유아기 아이들마저도 경쟁적이고 폭력적인 환경에 노출하게 하는 사회를 더는 두고 볼 수 없다고. 엄마 아빠를 일터에, 아이들을 보육 기관과 학원에 묶어 두는, 엄마의 독박 육아를 강요하는 사회는 결코 건강할 수 없다고. 그리고 육아를 가정사로만 치부하는, 여성을 출산율을 높이기 위한 도구로만 여기고, 자기들 마음대로 '경단녀'와 '맘충'을 생산해 내는 사회는 결코 지속 가능할 수 없다고. 그렇게 한바탕 성토를 토해 낸 엄마들은 그로부터 두 달 뒤인 6월, "정치하는 엄마들"이라는 이름의 비영리단체를 만들어 냈다.

"정치하는 엄마들"이라는 단체명에 쓰인 '엄마'라는 말. 이 모임을 만들기 위해 만난 엄마들이 새로 정의한 '엄마'의 의미는 분명 그동안 우리에게 강요되어 온, 혹은 비틀리고 덧씌워진 엄마의 모습과는 다른 데가 있다. 가족을 위해 희생하기만 하는 엄마도, 자식의 성공을 위해 아이 인생의 '매니저'를 자처하는 엄마도, 내 아이를 보호하기 위해 타인을 배척하는 엄마도 아닌, 아이뿐 아니라 '나'를 지키며 모든 아이를 함께 잘 길러 내는 엄마. 그것이 "정치하는 엄마들"이 생각하는 엄마 상이다. 이런 엄마 상은 바로 내가 그동안 생각해 온 '사회적 육아'의 핵심과 맞닿아 있기도 하다. 무엇보다 모임은 엄마 역할을 '여성'만의 것, 생물학적 엄마만의 것이라고 간주하지 않는다. 아빠도, 할머니도, 할아버지도, 이웃도, 친구도, 사회도, '모두가 엄마'다. 그래서 이 엄마들에겐 엄마 아빠의 초과 노동시간과 친정과 시댁 어머니의 황혼 육아 현실, 보육 교사의 열악한 노동조건, 그 모든 것이 하나로 연결된, 중요하고 절실한 문제가 된다.

집담회 자리에서 누군가가 '모두가 엄마다'라는 말을 했을 때, 그 자리에 모였던 사람은 물론이고 그 장면을 멀리서 화면으로 보고 있던 나까지 무릎을 치며 공감했다. 그래, 바로 이거야. 내가 만나고 싶었던 사람들, 내가 만들고 싶었던 세상이! 다른 환경에서 다른 모습으로 살아온 사람들이 한목소리로 이런 엄마 상을 제시하고 거기에 공감하는 것을 보며, 우리가 그동안 써 왔던 엄마라는 말, 엄마라는 존재의 역할이 우리도 모르는 사이에 얼마나 오염되고 왜곡되어 있었는지를 실감할 수 있었다.

그렇게 만들어진 "정치하는 엄마들"은 엄마들의 정치 세력화를 통해 다음과 같은 사회를 만드는 것을 목표로 한다.

성평등 사회
모든 아이가 사람답게 사는 사회
모든 생명이 평화롭게 공존하는 비폭력 사회
미래 세대의 환경권을 위한 생태 사회

그리고 이 목표를 이루기 위해 정책 동향을 살피고, 각종 토론회장과 집회 현장에 나가 문제를 제기하고, 치열한 논의를 거쳐 성명과 발표문을 낸다. 아이를 안고 업고, 남편과 친정어머니 손을 이끌고 거리에 나선다. '칼퇴근'법을 만들어야 한다고, 보육의 질을 높여야 한다고, 아이들의 놀 권리를 지켜 주어야 한다고. 보육·노동·교육 문제는 물론이고 여성·빈곤·건강·탈핵·평화·장애인·소수자 문제에 이르기까지, 다양한 사회적 이슈를 모두 내 아이, 다음 세대의 안녕을 위해 '엄마'들이 지금 힘써야 할 일로 여긴다. 그래서 함께 책 읽고 토론하고, 학교 폭력과 가정 폭력 문제를 고민하고, 원전 문제며 특수학교 문제에 관해 이야기하는 소모임을 만든다.

엄마들을 보며, 나는 희망을 발견했다. 아이를 둘러싼 세상, 부모와 가족, 이웃과 보육 기관, 마을과 사회가 모두 엄마 노릇을 할 수 있다면, 그동안 힘겹게만 보이던 '육아'라는 과업의 무게가 줄어들어 조금 더 여유롭고 너그럽게 한 사람 한 사람의 성장을 지켜볼 수 있으리라는 희망이다. 부모의 역할은 결국 아이를 내보내는 데 있다는 것, 아이의 성공과 실패가 '엄마 덕'이나 '엄마 탓'에 좌우되는 게 아니라는 것을 인식할 때, 비로소 아이가 스스로 자란다는 걸 조금 더 수월하게 받아들일 수 있기 때문이다. 그렇게 모두가 '엄마'의 마음으로 아이들을 바라볼 수 있다면, 그래서 적절한 제도적 뒷받침과 문화적 성숙을 바탕으로 아이들을 함께 돌볼 수 있다면, 양육자들이 육아의 짐을 덜고 아이의 성장을 지켜보며 각자의 삶을 꾸리기가 수월해진다. 그리고 무엇보다도, 그동안 사적인 영역으로, 각자도생의 영역으로 치부됐던 양육과 돌봄에 사회 모든 구성원이 참여함으로써, 우리 사회에서 미처 보지 못했던 아이들까지 함께 품어 길러 낼 수 있다.

혼자서는 어디서부터 어떻게 해야 할지 몰라 막막했던 일들을, 다른 '엄마'들을 만나 시작할 수 있게 됐다. 멀리 있어 직접 할 수 있는 일이 많지 않지만, 기회가 닿는 대로 온라인 공간의 논의에 참여하면서 단체의 정관을 작성하고 목표를 세우는 일에 함께한다. 그리고 홈페이지 관리와 같은, 멀리서도 할 수 있는 활동을 보조하며, 이 '언니'들이 일으키는 정치 바람을 거들고 있다. 부디 이 바람이 오래오래 불어 주면 좋겠다. 우리 아이들, 그 아이들의 아이들이 세상에 나갈 때는 그 바람을 타고 넘실대며 아무런 경계 없이 서로 어우러지고, 보듬고, 존중하며 살아가면 좋겠다. 아이들이 살아갈 세상은 지금 우리가 사는 세상과는 분명 다를 것이다. 어떤 모습으로 태어나 어떻게 살든, 존재만으로 충분한 세상, 자기 자신과 타인의 존엄을 지킬 줄 아는 사회를 이 아이들이 제 손으로 만들어 나갈 수 있기를 바란다.

한걸음 더, 함께 걸어요

모든 아이를 함께 길러 내는 데 꼭 필요한 일을 나보다 앞서서 해내고 있는 분들이 있어 작은 걸음이나마 한 발 한 발 나아갈 수 있었다. 그중 특히 나를 두드려 깨워 준 몇 곳을, 빚진 마음으로 소개한다.

어린이 교양지 『고래가 그랬어』
『고래가 그랬어』가 2012년 『경향신문』과 함께 진행한 캠페인 '아이를 살리는 7가지 약속'은 '아이 삶의 주인이 아이'임을 상기해 주었다.

1. 지금 행복해야 한다
2. 최고의 공부는 놀기다
3. 하고 싶은 일을 하는 게 성공이다
4. 남의 아이 행복이 내 아이 행복이다
5. 성적이 아니라 배움이다
6. 대학은 선택이어야 한다
7. 아이 인생의 주인은 아이다

결혼 전, 나는 『고래가 그랬어』를 전국의 아동 공부방이나 도서관에 보내는 일을 후원하는 '고래 이모'였는데, 생각해 보면 그때부터 '모든 아이를 함께 길러 내는 일'에 관심을 둔 것 같다. 『고래가 그랬어』를 자녀와 함께 읽고 싶은 분, 혹은 고래 이모, 고래 삼촌으로 함께하고 싶은 분은 이쪽으로.

___홈페이지 http://www.goraeya.co.kr

모두가 엄마다 "정치하는 엄마들"

정치하는 엄마들은 '돌봄과 살림은 우리 사회의 현재뿐 아니라 미래가 달린 일'이며, 따라서 그 일이 엄마가 된 여성뿐 아니라 '가족·국가·지역공동체가 서로 함께 책임져야 할 영역'이라고 선언한다. 멀리 있어 직접 할 수 있는 활동이 많지는 않지만, 참여 회원으로 함께하면서 한국 사회의 현재와 변화를 실시간으로 목격하고 있다. 정치하는 엄마들의 활동이 궁금한 분들은 이쪽으로.

___홈페이지 http://political-mamas.org

장애와 비장애의 경계를 허무는 대안 언론 〈비마이너〉

〈비마이너〉Beminor는 내가 처음으로 장애와 비장애의 경계에 의문을 품기 시작했던 때 내게 가장 많은 생각 거리를 던져 준 곳이었다. '장애인이기 때문에 차별받는 것이 아니라 차별받기 때문에 장애인이 되는 모순'을 직시하게 해준다. 장애뿐 아니라 빈곤, 소수자 문제 등 우리 사회의 다양한 문제 지점을 보여 주는 기사와 칼럼을 싣고 있다. 독자 또는 후원자가 되기 원하는 분은 이쪽으로.

___홈페이지 http://beminor.com

균도 아빠의 "발달장애인과 세상 걷기"

『우리 균도』의 주인공 균도 아빠가 설립한 사단법인 "발달장애인과 세상 걷기"는 발달장애인에 대한 인식 개선과 발달장애인의 자립 지원, 관련 정책 제안 등을 목표로 활동하고 있다. 균도뿐 아니라 다른 발달장애인들을 위해 꼭 필요한 일을 해 나가고 있는 균도 아빠의 결단과 의지는 KT 모임을 꾸려 가려고 애쓰는 내게도 큰 응원이 된다. 후원과 참여를 원하는 분은 이쪽으로.

___전화 051.723.2028

십 대 미혼모의 교육권과 양육권을 지지하는 "자오나 학교"

2016년 입양 아동(880명)의 91.8퍼센트가 미혼모가 낳은 아이라고 한다. 기숙형 대안 학교인 자오나 학교는 십 대 미혼모들이 아기와 함께 살아갈 수 있도록 이들의 교육, 양육, 자립을 지원하고 있다. 십 대 미혼모와 탈학교 미성년 여성이 함께 생활하면서 공부와 육아를 병행할 수 있도록 지원한다는 점에서 또 하나의 '사회적 육아'를 실천하는 공간이라 할 수 있다. 후원과 참여를 원하는 분은 이쪽으로.

___홈페이지 http://zaona.net

에필로그

어렵기도, 예쁘기도 한 이름, '케이티'와 함께 하루에도 몇 차례
씩 온 동네 놀이터를 순회하며 춤추고 노래하고 웃고 떠드는 사
이, 아이는 어느새 만 다섯 살이 되었다. 그사이 아이의 병명은
KT보다 훨씬 더 길고 복잡한, 'CLOVES'(Congenital Lipomatous
Overgrowth, Vascular Malformations, Epidermal Nevis, Spinal/Skeletal
Anomalies/Scoliosis)라는 이름으로 바뀌었다. 아직 한국에는 알려
지지도 않은 진단명이지만, 이곳에서는 혈관 질환의 다양한 양
상들을 점점 더 세분화하는 추세여서 이런 새 이름이 붙게 되었
다. 하지만 새 이름이 도무지 입에 잘 붙질 않는 데다, 'KT'일 때
와 비교해 한두 가지 증상이 더 추가된 것뿐이어서 다른 사람들
에게는 여전히 'KT'라고 소개하고 있다.

아이는 만 네 살에 한 번, 만 다섯 살에 한 번, 모두 두 차례의 다리 수술을 받았다. 두 번 모두 쉽지 않았다. 볼록 올라온 발등을 절개했던 첫 번째 수술 후엔 절개 부위가 완전히 아무는 데 무려 11개월이 걸렸다. 그리고 무릎 아래, 종아리 부분의 과성장 부위를 제거한 두 번째 수술 뒤엔 잦은 출혈과 갑작스러운 염증 증상으로 하루에도 여러 번 가슴을 쓸어내려야 했다. 특히 이 책을 출간하기 위해 원고를 다듬던 12월 초, 고열과 극심한 다리 통증을 동반하는 갑작스러운 염증으로 어두운 새벽길을 한 시간 달려 아동 병원 응급실에 들어갔던 일은 두고두고 잊지 못할 일이 되었다. 4박 5일간 꼼짝없이 병원 침대에 누워 항생제와 진통제, 반복되는 채혈을 견뎌야 했던 시간. 아이는 "집에 가서 놀고 싶다"라며 목 놓아 울었다.

수술 전에도 온종일 재잘대며 쉴 새 없이 노는 게 일이었던 아이는, 두 번의 수술 후에도 아랑곳없이 놀기 바빴다. 첫 번째 수술 후, 수술 부위가 완전히 아무는 데 11개월이 걸렸지만, 아이는 그 기간 내내 바깥에 나가 놀았다. 친구 집에서 놀다 발등의 절개 부위에서 피가 퐁퐁 솟아도, 아이는 당황하거나 무서워하지 않았다. 무릎 아래 종아리 부위를 절개한 두 번째 수술 후에도, 아이는 수술 후 이틀째 되던 날 놀이터에 나가 놀 정도로 기운이 넘쳤다. 바로 그 며칠 뒤부터 시작된 잦은 출혈과 그에 이은 두 차례의 염증으로 엄마 아빠는 혼이 나가 있었지만, 아이는 그저 놀고, 놀고, 또 놀았다. 정말이지, "피곤해하지 말아요.

그냥 놀아요!"가 인생 신조라고 당당히 말하는 아이답다.

　　3년여 동안 연재했던 글을 모은 것이어서, 어떤 글감에 대해 서는 현재 상황을 다시 한번 확인해야 하는 경우가 있었다. 그 와중에 몇 가지 좋은 소식을 들을 수 있었다. 그중 하나가 아동 전문 재활 병원을 전국적으로 신설하기로 했다는 소식이었다. 국회 본회의를 통과한 2018년 정부 예산안에 권역별 어린이 재 활 병원 확충을 위한 예산이 포함되었고, 대전에서 그 첫걸음이 시작된다고 한다. 정부가 가사·육아 돌봄 노동자들이 4대 보험 과 유급휴가를 보장받도록 나선다는 소식도 있었고, 기혼 여성 의 경력 단절을 방지하고 '아빠 육아'를 독려하기 위해 육아휴 직 기간과 휴직 중 급여를 늘리겠다는 고용노동부의 발표도 있 었다. 그리고 가장 최근에는 장애등급제를 단계적으로 폐지하 고 맞춤형 복지로 전환한다는 소식도 들을 수 있었다. 이 모든 움직임이 제대로 이뤄질 수 있도록 확인하고 동참하는 것, 제도 가 손질되는 만큼 우리의 인식과 문화를 바꾸어 나가는 것이 우 리에게 남겨진 몫이다.

　　숱한 갈등과 번민 끝에 결국 여기까지 왔다. 모두 사랑하는 사람들 덕분이다. 내게 글 쓰는 삶을 물려주고 떠난 나의 글 벗 고故 김북경 님, 그리고 글 쓰는 아내, 글 쓰는 엄마로 나를 성장 시켜 준 내 인생 최고의 두 남자 순석과 산에게 깊은 감사와 사 랑을 전한다. 특히 남편 박순석은 이 책의 기획안을 들고 와 내게 내밀었던 그때부터 지금 이 순간까지, 기획자이자 독자로서 아낌없이 지원해 주었다. 엄마가 '글 쓰는 사람'이라는 걸 이해하고 낮에도 원고 작업을 할 수 있게 기꺼이 허락해 준 나의 아들 박산. 이 책으로 내가 무엇을 할 수 있을까 회의가 들 때마다 너의 얼굴을 마주 보며 마음을 다잡았다. 고마워. 그리고 한 아이로 세상에 나와 다른 한 아이의 엄마가 되기까지 나의 성장을 가까이서, 멀리서 보아준 엄마 김여옥 님, 아빠 서정곤 님께도 고마움을 전한다. 한겨레 육아 웹진 〈베이비트리〉를 통해 만나 글로 교감한 많은 분, 그리고 후마니타스 출판사에서 만난 '언니' 편집자 강소영 님께도 깊은 감사를 전한다. 편집자로서 사려 깊은 배려와 애정이 담긴 도움 주신 덕분에 조금씩 더 좋은 문장으로 다듬어 갈 수 있었다. 여기 나눈 우리의 삶이, 우리의 이야기가 누군가에게는 위로가 되고 어딘가에는 도전이 되었으면 좋겠다. 그래서 우리 아이들이 살아갈 세상이 어때야 하는지, 우리가 무엇을 할 수 있을지 함께 이야기할 사람들을 더 많이 만날 수 있었으면 좋겠다.

아이는 누가 길러요

1판1쇄 | 2018년 3월 19일

지은이 | 서이슬

펴낸이 | 정민용
편집장 | 안중철
책임편집 | 강소영
편집 | 윤상훈, 이진실, 최미정

펴낸곳 | 후마니타스(주)
등록 | 2002년 2월 19일 제300-2003-108호
주소 | 서울 마포구 양화로6길 19, 3층 (04044)
전화 | 편집_02.739.9929/9930 영업_02.722.9960 팩스_0505.333.9960
블로그 | humabook.blog.me
트위터, 페이스북, 인스타그램 | @humanitasbook
이메일 | humanitasbooks@gmail.com

인쇄 | 천일문화사_031.955.8083
제본 | 일진제책사_031.908.1407

값 14,000원

ISBN 978-89-6437-302-6 03330
      978-89-90106-16-2 (세트)

이 도서의 국립중앙도서관 출판시도서목록(CIP)은 e-CIP홈페이지(http://www.nl.go.kr/ecip)와
국가자료공동목록시스템(http://www.nl.go.kr/kolisnet)에서 이용하실 수 있습니다.
(CIP제어번호: CIP2018007606)